中国における
ドラッグストア発展の
ダイナミクス

薬店と薬粧店を中心に

孫 維維［著］
Sun Weiwei

Development of
China's Drugstore
Trends and Issues of Drugstore Responding with Diverse Competitions

専修大学出版局

はじめに

　本書は中国のドラッグストア業界に焦点を当て、時系列に沿うドラッグストア展開の歴史的経緯、競争の現状と発展の方向性を体系的に考察したものである。この研究を進めたきっかけとして次のようなことがあげられる。

　近年中国の小売市場において、百貨店やスーパーマーケットといった「大業態」（店舗面積が大きい）が飽和状態になる一方、専門店が代表する「小業態」（店舗面積が小さい）の伸び率は「大業態」を上回っている。そのなかで、ドラッグストアの成長は著しく、とくに中国が高齢化社会への突入及び新医療改革の実施という背景に基づき、ドラッグストアに対する期待はますます重要になってきている。

　一方で、これまで中国のドラッグストアに関わる研究は企業事例分析や企業間経営戦略の比較、またメーカー視点から出発し、商品をめぐる研究にあたって多くなされていた。ドラッグストアが小売業態の1つとして、どのように発展しているのかについての研究はほとんど行われなかった。それはおそらく中国のドラッグストアに多種多様な店舗形態が併存して、ドラッグストア発展の行方が不明確という現状にも関連しているだろう。しかし、このような時期だからこそ、ドラッグストアを対象にして体系的な研究を行うことが非常に重要であると考える。

　本書の特徴として次の4つをあげることができる。

　第1に、比較的な視点からアメリカ、日本と中国におけるドラッグストアを考察することである。アメリカと日本は先進国の代表となり、小売業態がすでに定着しているといえる。アメリカと日本のドラッグストアを比較することにより、ドラッグストアの発展プロセスが如何に異なるのかが把握できる。そこから中国のドラッグストアは海外から導入したという観点から日本のドラッグストア業態の開発とは類似している。しかし中国の特徴を考え、日本のドラッグストア業態の展開形式はどの程度に中国のドラッグストアに

適応できるのかについて検討することが必要である。

　第2に、中国のドラッグストアに関して、歴史的な発展経緯を整理することである。中国のドラッグストアはいまだ発展段階にあって、店舗の存在形態が多種多様であり、ドラッグストアに対する理解や認識もバラつきがある。それについては歴史的な展開から中国既存の2大種類店舗、いわゆる「薬店」と「薬粧店」を体系的に整理する。歴史的な展開および現段階の特徴という2つの側面を踏まえて中国のドラッグストア業態の発展経緯を解明する。それとともに、ドラッグストアの店舗種類を対象に分析を行う一方で、それら店舗種類形成の歴史と商品構成による分析はより重要であることがわかる。その点については新しい分析の枠組みを提示する。

　第3に、現実に注目し、ドラッグストア企業の経営戦略を考察するうえで、企業間の共通点と相違点を分析することである。本書では「薬店」と「薬粧店」それぞれ3社を取上げ、企業の基本情報、経営現状および競争戦略などについて考察する。また本書で提示した分析の枠組みに基づいて企業間の比較を行う。それを通じて同じ象限にある企業の共通点や相違点の分析を行う。これらの代表企業の事例によって、ある程度の中国におけるドラッグストア展開の実態を把握することができると考える。

　第4に、中国のドラッグストア発展の方向性を検討することである。中国ドラッグストアに対する考察は、歴史的な整理と現状の分析にとどまらず、激変している中国小売市場においてドラッグストアの位置づけと発展の方向性についても十分に考えている。今後中国のドラッグストアを研究するさいに、今まで取り込まれた各要因に影響される一方で海外の見えないライバルといった国際的な要因、また技術的な要因などにも注目する必要がある。

　なお、本書の一部はすでに発表した論文を加筆・修正して組み込んだものである。それぞれの初出は次の通りである。

　第5章：「中国における医療保険制度と医薬品流通改革──医薬品流通政策と流通システムの変革を中心に」『流通情報』No.521、2016年7月（共著）

　第7章　第8章：「中国現代小売業の展開と消費社会の変化──ドラッグ

ストアを中心に」『商学研究所報』第48巻第5号、2017年1月

　第8章：「中国におけるドラッグストア研究——事例研究：ワトソンズの成長要因に関する考察」『商学研究所報』第47巻第2号、2015年9月

　本書は、多くの方々のご支援の賜物である。この場を借りて感謝を申し上げたい。

　筆者が修士の時から現在に至るまで、指導教授として師事させていただくことができた渡辺達朗先生（専修大学商学部教授）に心から感謝を申し上げたい。

　本研究を取りまとめるにあたっても、研究・教育をはじめ多方面においてご多忙であるなかで、研究全体としての主張やそれを導くための各章・節の内容や構成などについて、限られた時間を割いて幾度も貴重なご助言を賜った。仮に先生からご指導を賜ることができていなければ、本書や筆者のこれまでの研究生活はあり得なかったはずである。

　本研究の副査を務めていただいた神原理先生（専修大学商学部教授）と石川和男先生（専修大学商学部教授）にも、とくに、本書の執筆過程を通じて多大なご教授をいただいた。神原先生には、研究の流れ、研究対象の選定および分析枠組みに関する問題点などについて、建設的な意見をいただいた。石川先生には、お忙しいなか研究室を訪問させていただいたにもかかわらず、ときには予定を大幅に超えて時間を割いてくださり、本書の草稿に目を通していただきながら、貴重なコメントを数多くいただいた。

　現商学研究科長の建部宏明先生（専修大学商学部教授）には、研究報告会において叱咤激励をいただくとともに、研究成果の活用に関して貴重なコメントをいただいた。岩尾詠一郎先生（専修大学商学部教授）、上田和勇先生（専修大学商学部教授）、奥瀬喜之先生（専修大学商学部教授）、川野訓志先生（専修大学商学部教授）にも、ご多忙であるにもかかわらず、研究報告会にご出席くださり、本書の構成について的確なご助言を賜った。

　さらに、日本商業学会全国大会と関東部会研究会において、東伸一先生（青山学院大学経営学部教授）、南知恵子先生（神戸大学経営学研究科教授）、

iv

崔相鐵先生（関西大学商学部教授）、本藤貴康先生（東京経済大学経済学部教授）には、的確なコメントとアドバイスをいただいた。心から御礼を申し上げたい。

また、筆者が所属している専修大学社会知性開発研究センター・アジア産業開発研究センターの研究代表者である小林守先生（専修大学商学部教授）をはじめ、日頃からお世話になっている学内の先生方には、貴重なご助言を賜るとともに、研究が遅々として進まない状況を見かねて温かい激励の言葉をいただいた。

このほかにも、研究室の同門である佐原太一郎先生（淑徳大学経営学部講師）、新島裕基先生（専修大学商学部講師）には大変お世話になり、研究が行き詰まる度に励まし合いながら研究に取り組むことができた。この場を借りて御礼を申し上げたい。また、今日に至るまでの学生生活を様々な面から支えていただいた、家族に心から感謝の意を表します。

なお、本書は専修大学大学院商学研究科へ提出した博士論文をベースにして、専修大学の平成30年度課程博士論文刊行助成を受けて出版されたものである。本書の編集・校正に際しては専修大学出版局の笹岡五郎氏に厚く御礼を申し上げる。

　　2019年1月　　　　　　　　　　　　　　　　　　　孫 維維

v

[目　次]

はじめに

第1章　問題意識と研究課題…………………………………………… 1
　1．問題意識………………………………………………………… 2
　2．研究課題………………………………………………………… 6
　3．研究方法………………………………………………………… 7
　4．研究の構成……………………………………………………… 8

第2章　アメリカ・日本のドラッグストアの比較と先行研究 …13
　1．アメリカのドラッグストアの歴史的展開……………………14
　2．日本のドラッグストアの歴史的展開…………………………17
　3．アメリカと日本のドラッグストアの比較……………………18
　4．日本のドラッグストアの特徴を解明するための先行研究の整理……20

第3章　中国のドラッグストアについての再整理 ……………………29
　1．実務面と法律面でのドラッグストアに対する認識の差異……………30
　　1-1　実務面でのドラッグストアに対する認識の差異 ……………30
　　1-2　法律面での不明確性と不一致 ……………………………33
　2．歴史的変遷から見るドラッグストアの形成……………………35
　3．ドラッグストアについての再整理と分析の枠組み……………40

第4章　中国のドラッグストアを取巻く外部環境 ………………………45
　1．社会環境の変化…………………………………………………46
　　1-1　経済の成長…………………………………………………46

vi

1－2　人口構造の変化 ……………………………………48

1－3　所得水準の上昇 ……………………………………49

2．消費者層 …………………………………………………51

2－1　中間所得層 …………………………………………51

2－2　「80後90後」 ………………………………………52

2－3　高齢者層 ……………………………………………52

3．消費者支出の変化 ………………………………………53

4．小売市場の変化 …………………………………………56

4－1　業種から業態へ ……………………………………56

4－2　流通チャネルの変化 ………………………………59

第5章　政策・制度によるドラッグストアの変化 ……63

1．中国の医療保険制度 ……………………………………64

1－1　医療保険の仕組み …………………………………64

1－2　制度の欠陥と問題 …………………………………67

1－3　医療保険の加入率 …………………………………68

2．医薬品流通政策と流通システム ………………………69

2－1　医薬分業 ……………………………………………69

2－2　関連政策 ……………………………………………70

2－3　医薬品流通システム ………………………………73

3．医薬品小売市場における医療機関と薬店との競争 ……75

第6章　中国におけるドラッグストアの展開 ……83

1．医薬品小売業界と薬店チェーン企業の発展段階 ………84

1－1　医薬品小売業界の拡大 ……………………………84

1－2　薬店チェーン企業の展開 …………………………86

vii

　2．化粧品市場と薬粧店チェーン企業の発展段階‥‥‥‥‥‥‥‥‥89

　　2-1　化粧品市場の拡大 ‥‥‥‥‥‥‥‥‥‥‥‥‥‥‥‥‥‥89

　　2-2　薬粧店チェーン企業の展開 ‥‥‥‥‥‥‥‥‥‥‥‥‥‥90

　3．事例研究についての説明‥‥‥‥‥‥‥‥‥‥‥‥‥‥‥‥‥‥92

第7章　事例研究——薬店 ‥‥‥‥‥‥‥‥‥‥‥‥‥‥‥‥‥‥97

　1．北京同仁堂（A-Ⅱ）‥‥‥‥‥‥‥‥‥‥‥‥‥‥‥‥‥‥‥98

　　1-1　同仁堂の発展経緯 ‥‥‥‥‥‥‥‥‥‥‥‥‥‥‥‥‥‥98

　　1-2　同仁堂の経営戦略 ‥‥‥‥‥‥‥‥‥‥‥‥‥‥‥‥‥‥98

　　1-3　同仁堂の化粧品事業 ‥‥‥‥‥‥‥‥‥‥‥‥‥‥‥‥ 100

　2．雲南一心堂（A-Ⅳ）‥‥‥‥‥‥‥‥‥‥‥‥‥‥‥‥‥‥ 100

　　2-1　一心堂の発展経緯 ‥‥‥‥‥‥‥‥‥‥‥‥‥‥‥‥‥ 100

　　2-2　一心堂の経営戦略 ‥‥‥‥‥‥‥‥‥‥‥‥‥‥‥‥‥ 101

　3．重慶桐君閣（A-Ⅳ）‥‥‥‥‥‥‥‥‥‥‥‥‥‥‥‥‥‥ 105

　　3-1　桐君閣の発展経緯 ‥‥‥‥‥‥‥‥‥‥‥‥‥‥‥‥‥ 105

　　3-2　桐君閣の経営戦略 ‥‥‥‥‥‥‥‥‥‥‥‥‥‥‥‥‥ 106

　4．薬店3社の比較‥‥‥‥‥‥‥‥‥‥‥‥‥‥‥‥‥‥‥‥ 108

第8章　事例研究——薬粧店 ‥‥‥‥‥‥‥‥‥‥‥‥‥‥‥‥ 113

　1．北京ドクター・プラント（B-Ⅱ）‥‥‥‥‥‥‥‥‥‥‥‥ 114

　　1-1　ドクター・プラントの発展経緯 ‥‥‥‥‥‥‥‥‥‥‥ 114

　　1-2　ドクター・プラントの経営戦略 ‥‥‥‥‥‥‥‥‥‥‥ 118

　2．香港ワトソンズ（B-Ⅳ）‥‥‥‥‥‥‥‥‥‥‥‥‥‥‥‥ 119

　　2-1　ワトソンズの発展経緯 ‥‥‥‥‥‥‥‥‥‥‥‥‥‥‥ 119

　　2-2　ワトソンズの経営戦略 ‥‥‥‥‥‥‥‥‥‥‥‥‥‥‥ 122

　3．広東ジアレン（B-Ⅳ）‥‥‥‥‥‥‥‥‥‥‥‥‥‥‥‥‥ 131

viii

　　3－1　ジアレンの発展経緯 ………………………………………… 131

　　3－2　ジアレンの経営戦略 ………………………………………… 132

　4．薬粧店3社の比較……………………………………………………… 134

第9章　結論……………………………………………………………… 137

　1．研究成果の総括…………………………………………………………… 138

　2．本研究の貢献……………………………………………………………… 145

　3．本研究の限界と今後の課題…………………………………………… 146

参考文献 ……………………………………………………………………… 153

索引 …………………………………………………………………………… 163

第 1 章
問題意識と研究課題

1．問題意識

　日本やアメリカでは、ドラッグストア（Drugstore/Drug store）は小売フォーマット（業態類型）[1]の１つとして捉えられている。つまり、ドラッグストアは医薬品・化粧品を主要な取扱商品とし、消費者生活の変化に対応して新たな販売方法によって標準化された小売フォーマットである。その後、時間の経過とともに、ドラッグストア企業が競争優位を保つために、マーチャンダイジング戦略において、専門性強化（医薬品分野）、利便性強化（食品分野）ないしHBC強化（ヘルス＆ビューティーケア）などを行い、差異化を図るというドラッグストアの発展プロセスがある。それに対して中国におけるドラッグストアは、小売フォーマットとして定着したとはいえない状況にある。それは以下の２つの観点から説明できる。

　第１の観点は、中国ではドラッグストアの概念は広範囲で捉えられているため、店舗の存在形態が多種多様である。ドラッグストアはその名の通り、医薬品を中心に取扱う店舗であるので「薬店」と直訳すれば、最も伝わるかもしれない。しかし、「薬店」というような医薬品を専門に販売する店舗は、日本では「薬局」（Pharmacy）、アメリカではファーマシーと認識されるため、ドラッグストアを薬店と理解するのは適切ではない。

　また中国においては、医薬品と化粧品の間に、「薬粧」（Cosmeceutical）という特殊な商品カテゴリーがある。薬粧とは、医学の視点から肌のトラブルを改善させるために、医薬品成分が含まれる薬用化粧品である。1970年代に、アメリカの皮膚病学者アルバート・クリグマン（Albert Kligman）が、最初に「薬粧」というコンセプトを用いた。1998年にロレアルグループ傘下のヴィシー（Vichy）が、病院皮膚科臨床試験を受けて、中国の300店以上の薬店において化粧品を販売することで、薬粧という言葉がはじめて中国の消費者に知られた。さらに2000年以降、中国の製薬企業や薬店企業が相次いで薬粧市場に参入するにつれ、薬粧に対する消費者の認知度はさらに高まり、薬粧を中心に取扱う「薬粧店」と名乗る小売業も現れるようになった。

薬粧店が展開されている一方、薬粧・薬粧店に関する法律・規制の不備によって次の2つの問題が起きている。まず薬粧と一般の化粧品の定義、または使い分けの曖昧さである。それによって、薬粧以外、一般の化粧品も加えた「化粧品専門店」、特定の化粧品のみを扱う「化粧品専売店」や、化粧品を一定程度で扱うパーソナルケアストアも薬粧店として一般に認識されている。

次に、薬粧と医薬品とのかかわりである。薬粧は製薬企業や薬店企業が生産する「医薬化粧品」、医学者が研究開発し、薬店で販売する「医学化粧品」と、化粧品工業企業が生産する「効果のある化粧品」という3つのカテゴリーに分類されている。そこでカテゴリーの相違によって、薬粧が医薬品の範疇に含まれるのか、または薬粧が薬店で販売されるべきなのか、などの疑念が生じた。また薬店企業が商品多様化戦略により薬粧を取扱うことは、国の政策によって支持されているので、薬店と薬粧店は薬粧分野にまたがっており、両者の隔たりが縮小するようになった。実際に、学問分野においても薬店と薬粧店が並列に語られることが多い。

このように、現段階の中国のドラッグストアは「薬店」「薬粧店」「化粧品専門店」「化粧品専売店」「パーソナルケアストア」などの商品カテゴリーの違う小売業種を包含し、きわめて広い範囲で使われている（図1.1）。ここでは、薬粧店、化粧品専門店、化粧品専売店、パーソナルケアストアを含む広範囲での薬粧店をさしあたり「広義の薬粧店」と呼ぶ。また、病院内の薬店、薬店および広義の薬粧店をさしあたり「広義のドラッグストア」と呼ぶ。だが、そもそも業種の違いで、展開の過程および市場へのアプローチが異なっており、それぞれ見ていく必要がある。とくに、薬店と広義の薬粧店、広義の薬粧店間の複雑な絡み合いについては再整理する必要がある。

第2の観点は、広義のドラッグストア企業は数多く存在しており、上位集中度は低いということである。ここでは、薬店と広義の薬粧店を分けてみよう。まず薬店については、2015年、中国の薬店の店舗数は448,057店であったが、そのうち、チェーン店の店舗数は204,895店（チェーン企業数は4,981社）であり、チェーン化率は45.7％であった。一方、独立型薬店の店舗数は

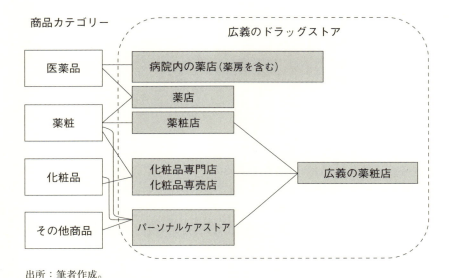

出所:筆者作成。

図1.1　現段階で認識される中国のドラッグストアの概念図

243,162店であり、それは2011年より33,924店減少したものの、依然として大きな割合（54.3％、2015）を占めていた。また、上位企業の売上高が薬店全体に占める割合に基づいて薬店企業の上位集中度を算出すると、2015年の薬店売上高は3,323億元のうち、上位3社で薬店売上高の7％、上位10社で16％、上位50社で26％、上位100社で29％を占める状況であった[2]。それは日本（CR5＝41％、2013）[3]やアメリカ（CR3＝89％、2014）と比べると、かなり上位集中度が低いといえる。

　次に広義の薬粧店については、地域を中心に展開する規模の小さい企業が多いという特徴がある。1999年の化粧品年間売上高は約300億元であったが[4]、その後の17年間、化粧品小売市場は大きな成長を遂げた。2016年に化粧品小売市場の売上高は6.4倍に拡大し、2,222億元となった[5]。そのなかで、化粧品チェーン企業のトップ100社（台湾・香港・外資系企業が含まれていない）による売上高は149.0億元となり、化粧品小売市場の6.7％を占めていた（トップ10社は62.5億元で2.8％を占めた）。また、トップ100社の売上規模か

らみると、年間売上高が2億元以上となる企業は100社のうち15％で、1億元～2億元となる企業は21％で、7,000万元～1億元となる企業は31％で、5,000万元～7,000万元となる企業は33％であった[6]。さらに本部所在地と展開地域からみると、化粧品チェーン企業のトップ100社が沿海部と人口の多い省に集中し、本部所在地を中心とする店舗展開が確認できた。

　以上のように、広義のドラッグストアの存在形態が多種多様であり、かつ、企業の上位集中度が低いという観点から、中国のドラッグストアはいまだに小売フォーマットとして確立されていない発展段階にあるといえる。それゆえ、発展している中国のドラッグストアはどのような特質を持っているのか、またドラッグストアが展開する際にどのような要因に影響されるのか、さらにドラッグストアの展開がどのように進められるのか、について検討を加える必要がある。

　一方、ドラッグストアは他の業態と違って、国の規制と国民生活の実情に強く関連している。先進国においては、日本のようなHBC商品を重視するパターンと、アメリカのような医薬品を重視するパターンがあって、それぞれ異なる業態フォーマットを持っている。しかし中国のドラッグストアは発展が遅れており、日本やアメリカのドラッグストアを模倣しながら、独自の展開をしている。そのため中国のドラッグストアの展開を研究するには、日本とアメリカのドラッグストアの発展プロセス、影響要因および特徴を比較することが不可欠である。

　以上を踏まえ、本研究の問題意識をまとめると、次の6つに集約できる。
　第1に、中国のドラッグストアに関する研究がほとんどされなかったため、アメリカや日本のドラッグストアに関する研究と理論的枠組みが中国のドラッグストアに対して適応するかどうか議論する必要がある。
　第2に、中国のドラッグストアに対する実務家や研究者の理解は、現段階ではバラつきが大きく、極めて不明確な状態になっているため、中国の広義のドラッグストアについての再整理が必要となる。とくに、医薬品を中心とする薬店と、化粧品を中心とする広義の薬粧店両方の分析が必要である。

第3に、中国の広義のドラッグストアの多様性に応じて、再分類による新たな分析的枠組みの提示が求められている。

第4に、中国の広義のドラッグストアは社会や政策などの要因に影響されるため、分析を行う際に、広義のドラッグストアを取巻く外部環境についての考察が不可欠である。

第5に、中国の広義のドラッグストアにおいて高い市場シェアを占める企業が存在しないので、薬店と広義の薬粧店を深く分析するためには、それぞれの分類に典型的な企業の事例分析が必要である。

第6に、中国の広義のドラッグストアを考察する際に、歴史的な形成プロセスを考慮しつつ、ドラッグストアの将来性を検討する必要がある。

2．研究課題

以上6つの問題に対応しながら、本研究では、中国のドラッグストアを体系的に整理し、過去の展開、現状の解明および将来の展望というダイナミクスの視点から、次のように大きく3つの研究課題と、その3つの研究課題を明らかにするために9つの研究問題を設定した（表1.1）。

第1の研究課題、中国のドラッグストアはどのように発展してきたのかについて、下位の4つの研究問題を設定した。

1−1：アメリカや日本と比べ、中国のドラッグストアはどのような特徴を持っているのか。

1−2：中国のドラッグストアはどのように構成されているのか。

1−3：中国のドラッグストアはどのように形成されてきたのか。

1−4：中国のドラッグストアを分析するにあたり、どのような枠組みを用いるのか。

第2の研究課題、中国のドラッグストアはどのような現状にあるのかについて、下位の4つの研究問題を設定した。

2−1：ドラッグストアを取巻く市場環境はどのようになっているのか。

2−2：現段階ではドラッグストアの競合関係はどのようになっているの

第1章 問題意識と研究課題 7

表1.1 問題意識・研究課題・各章の対応関係

問題意識のまとめ	対応の研究課題	対応の章
第1、第2、第3の問題提起	第1の研究課題、中国のドラッグストアはどのように発展してきたのか。	第2章、第3章
第4、第5の問題提起	第2の研究課題、中国のドラッグストアはどのような現状にあるのか。	第4章、第5章、第6章、第7章、第8章
第6の問題提起	第3の研究課題、中国のドラッグストアは将来どのように展開していくのか。	第9章

出所：筆者作成。

か。

　2-3：現段階では競争の主体であるドラッグストアにはどのような企業があるのか。

　2-4：さらに、これらの企業はどのような経営の仕組みを持っているのか。

　第3の研究課題、中国のドラッグストアは将来どのように展開していくのかについて、下位の1つの研究問題を設定した。

　3-1：外部環境や消費者需要の変化に対応するために、ドラッグストアはどのような取り組みが求められているのか。

　以上のような研究課題を明らかにするため、本研究は次のような研究方法と構成で展開していく。

3．研究方法

　中国のドラッグストアに関する文献は、ビジネス書、実務上の経営方法や社史などに集中しており、体系的な研究についてはほとんどなされていない状態である。日本やアメリカにおいては、ドラッグストアに関する先行研究はすでに行われているが、中国におけるドラッグストアに関する理論的枠組

8

みはまだできていない。そのため、日本やアメリカで確立された理論が、中国のドラッグストアにどの範囲まで適用できるのかを検討する。中国の広義のドラッグストアを解明するため、法律・政策、市場環境といった環境要因を分析することに加えて、広義のドラッグストアを構成している個別企業の行動も重要である。とくに広義のドラッグストアの全体像が明確でない現段階では、個々の企業を対象にして、これらの企業がとるマーケティング戦略の解明は、ある程度ドラッグストア業態を説明できると思われる。したがって本研究では、事例研究という方法を採用し、個別の企業に対する事例分析を行う。

4．研究の構成

　以上の議論を受けて、本書は本章を含む9つの章で構成されている（図1.2）。

　第1章「問題意識と研究課題」では、以上で述べたように、中国のドラッグストアに関する問題を提起し、そのうえで3つの研究課題をまとめた。研究課題を解明するために、本書の構成と章立てを説明する。

　第2章「アメリカ・日本のドラッグストアの比較と先行研究」では、まずアメリカと日本のドラッグストアの歴史的展開をそれぞれ概観する。それにより、アメリカと日本のドラッグストアは異なる業態フォーマットを持つことと、取扱商品からみるドラッグストアが果たす主要機能が異なることについて検討する。それを踏まえて、中国の広義のドラッグストアは日本のドラッグストアにより近いという観点から、日本のドラッグストアの特徴を理論的に整理する。そのため、日本のドラッグストアに関する先行研究をレビューして、そこから、日本のドラッグストアを説明するいくつかの理論は中国の広義のドラッグストアに適応していないことを議論する。

　第3章「中国のドラッグストアについての再整理」では、まず実務面と法律面においてドラッグストアに対する認識の違いを議論する。次に、広義のドラッグストアおよびそれを構成する薬店、広義の薬粧店の複雑な関連性を

第1章　問題意識と研究課題　9

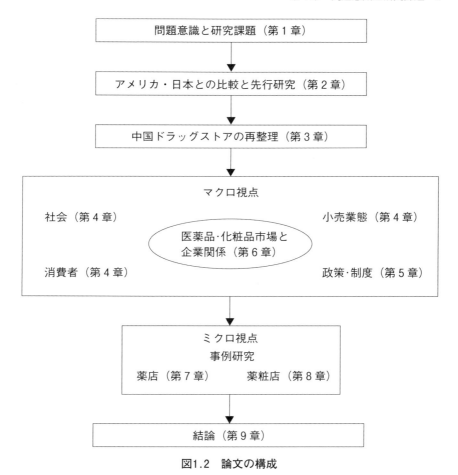

図1.2　論文の構成

明らかにするため、歴史的な視点から薬店と薬粧店の形成プロセスを考察する。そのうえで、歴史的形成と品揃えという2つの要素を用いて、薬店と薬粧店をさらに4つの象限に類型化する。すなわち、メーカー直営/契約による系列店販売の場合、薬店と薬粧店それぞれに対して品揃え幅が狭い象限A-ⅠとB-Ⅰ、品揃え幅が広い象限A-ⅡとB-Ⅱである。小売業者による商品の仕入販売の場合、薬店と薬粧店それぞれに対して品揃え幅が狭い象限A-

ⅢとB-Ⅲ、品揃え幅が広い象限A-ⅣとB-Ⅳである。近年、商品の多様化への進展に伴い、品揃え幅が狭い象限であるⅠ（A-Ⅰ、B-Ⅰ）とⅢ（A-Ⅲ、B-Ⅲ）はそれぞれⅡ（A-Ⅱ、B-Ⅱ）とⅣ（A-Ⅳ、B-Ⅳ）に移行していることによって、ここでは、Ⅱ（A-Ⅱ、B-Ⅱ）とⅣ（A-Ⅳ、B-Ⅳ）に焦点を当てて第7章と第8章の事例に対応する。

　第4章「中国のドラッグストアを取巻く外部環境」では、はじめに経済の成長、人口構造の変化と所得水準の上昇という側面から社会環境の変化を考察する。次に、社会環境の変化に伴って、「中間所得層」「80後90後」「高齢者層」などの消費者層が形成されてきて、それぞれの特徴を考察する。さらに消費者の支出が次第に変化しつつあり、「非生活必需品」への需要が高まる。これらの変化につれ、小売業態においても大きく変化している。具体的に、業種から業態への移行、また流通チャネルの変化という2点について述べる。

　第5章「政策・制度によるドラッグストアの変化」では、病院内における薬房と薬店に着目する背景として、医療保険制度をめぐり、医療保険の仕組み、その制度の欠陥と問題および医療保険の加入率について概観する。また、医薬品流通政策が医薬品流通システムに影響するため、それぞれについて整理する。そのうえで医薬品小売市場に焦点を当て、病院内の薬房と薬店の競合関係の変化を論じる。

　第6章「中国におけるドラッグストアの展開」では、ドラッグストアの主要商品分野である医薬品と化粧品に着目し、医薬品小売業界と化粧品市場を概観するために、医薬品を中心に取扱う薬店チェーン企業と化粧品を中心に取扱う薬粧店チェーン企業の展開について分析する。そのうえで、続く第7章と第8章の事例研究に移る前に、事例対象を選定する方法について説明する。具体的に、第3章で提示した分析的枠組みにしたがって、薬店A-Ⅱと薬粧店B-Ⅱそれぞれにあてはまる企業各1社と、薬店A-Ⅳと薬粧店B-Ⅳそれぞれにあてはまる企業各2社で合わせて6社の事例を取り上げる。

　第7章「事例研究─薬店」では、薬店チェーン企業の北京同仁堂（A-Ⅱ）、雲南一心堂（A-Ⅳ）と重慶桐君閣（A-Ⅳ）3社に着目し、それぞれの発展

経緯と経営戦略について分析する。そのうえで、３社の共通点と相違点を検討する。

　第８章「事例研究─薬粧店」では、薬粧店チェーン企業の北京ドクター・プラント（B-Ⅱ）、香港ワトソンズ（B-Ⅳ）と広東ジアレン（B-Ⅳ）に着目し、それぞれの発展経緯と経営戦略について分析する。そのうえで、３社の共通点と相違点を検討する。

　第９章「結論」では、本章で提示した研究課題に対応しながら、論文全体としての研究成果と貢献を確認するとともに、本研究の限界と今後の研究課題を明確にする。最後に、中国ドラッグストアについての最新動向を考察する。

注

１）鈴木豊（1992）により、業態間の分類によるスーパーマーケットやコンビニエンスストア、ドラッグストアなどの業態類型がある。

２）商務部「2015年医薬品流通業界運行統計分析報告」による。

３）重富（2014）p.47による。

４）張複強（2001）「中国化粧品業界の現状と未来」『日用化学品科学』第24巻第２期、p.6。

５）中商情報網ニュース（2017.１.20）「2016年全国化粧品小売額2,222億元　同期比8.3％」。

６）李紅麗（2016.12.19）「2016中国化粧品百強チェーンランキング」『化粧品報』。

第 2 章
アメリカ・日本のドラッグストアの比較と先行研究

中国のドラッグストアはアメリカや日本のドラッグストアを模倣しながら、独自の展開をしてきた。その特徴を解明するため、まずアメリカと日本のドラッグストアの歴史的展開を比較しながら考察する。そのうえで、中国のドラッグストアはより日本のドラッグストアと類似していることにより、日本のドラッグストアの特徴を理論的に整理することが求められる。そのため、日本のドラッグストアに関する先行研究をレビューし、中国のドラッグストアとの類似点と相違点を検討する。

1．アメリカのドラッグストアの歴史的展開

　アメリカのドラッグストアの展開を考察するには、制度、経済環境と社会環境の変化を見逃してはならない。

　制度について、アメリカのドラッグストアの進展は医薬分業による影響が大きい。医薬分業とは医師が病気の判断と治療に責任を負って、必要な場合には処方箋を出すことにより、医薬品提供者（薬局・ドラッグストア）が処方箋にしたがって該当の医薬品を患者に渡すというシステムである。最初に医薬分業は司法面でのリスク回避と医師の医薬品の提供の容易さなどに起因したが、医薬品費用の高騰や政府の医療費用負担増大、格差拡大による低所得層の増加などの社会問題が深刻になりつつある状況で、医薬分業はさらに推進された。そのなかで、ドラッグストアと薬剤師の重要性が高まってきており、「病院の役割」を担っている[1]。たとえば、患者は病院に行かないで済むような病気であれば、ドラッグストアで一般用医薬品（大衆薬）を購入して治そうとする。

　経済面でみると、1990年代前半、経済状況の変化はドラッグストアに大きな影響を与えた。1929年に株価大暴落の影響で、人々は苦しい生活に陥ったあと、1940年代に起った第二次世界大戦はこの苦境をさらに悪化させた。当時、生存問題にかかわる商品として、食品や医薬品は非常に需要の高い存在であったため、スーパーやドラッグストアの経営を支えていた。第二次世界

大戦の終戦により、住宅建築ブームが起きた一方で、ベターライフへの追求が強まってきた。それに応じて、ドラッグストアは取扱う雑貨商品の高価格化傾向と立地の郊外化傾向が顕著となった。

その後、1964年に「公民権法」の実施を契機に人種と性別差別への批判が起こり、女性の社会的地位が高まっていき、女性をめぐる社会的環境の変化が起きていた。さらに72年「雇用平等法」の施行により、女性が社会へ進出する機会が与えられた。これらの変化に伴い、アメリカの消費市場も大きく変わってきた。そのなかで最も顕著であったのは「少家族化」と「ブランド志向の高まり」であった[2]。ドラッグストアは、美容と健康を強化する戦略を採用していた。1980年代、女性の社会進出がさらに進み、買い物時間の節約を重視するニーズに対して、ワンストップショッピング型の商業施設が求められた。ドラッグストアも2,000平米以上の大型店舗を中心に展開していた。

しかし、1990年代、女性の社会進出が定着した一方、離婚という社会問題も多くの家族で起こっていた。それに伴い、世帯収入が低下し、低所得層が増加する傾向が見られた。こうした変化によって、「低価格志向」が強まり、各業態間の競争はより激しくなった。

ドラッグストアの場合は、主力分野である調剤薬やOTC[3]がディスカウントストアに奪われたことを反省しながら、主力分野を強化するという戦略転換が、業界全体に行われた。そのため、1990年代に入ると、ドラッグストアは、大型店舗から1,300平米以下の小型店舗に変化してきた[4]とともに、高齢人口の増加、余命を延ばす医薬品の増加、また「健康志向」の高まりなどにより、アメリカのドラッグストアは急成長を遂げた[5]。1992年から2000年までファーマシーとドラッグストアの売上高は778億ドルから1,309億ドルまで168％増加した。ところが、2000年以降、ガソリン価格の高騰による「近場でのワンストップショッピング」の需要が増加することによって、小商圏化した競争がさらに激しくなった。こうした状況で、ドラッグストアは消費者の来店頻度を高めるために、食品分野に注力し、HBD（Health & Beauty Daily living）やHDL（Health & Daily Living）店舗作りを行うとい

う戦略転換を迫られた[6]。

　ドラッグストア企業が大都市においての展開に注目すると、2016年にドラッグストア企業のトップ3社、ウォルグリーン（Walgreens）、CVSとRITE AIDを合わせて、ニューヨークでは市場シェアの82％、ロサンゼルスでは77％、シカゴでは68％を占めており、寡占化状態になっているといえる[7]。ここでは、ウォルグリーンをピックアップしてみよう。ウォルグリーンは1901年にイリノイ州で設立された薬局チェーン企業である。1920年代からハイスピードで拡大し、29年には525店舗を展開していた。1930年代にラジオ広告に踏み出しており、さらにプライベート商品を提供し始めた[8]。1975年にウォルグリーンは633店舗を持ち、その後の16年間は増収増益であった。1980年代中頃、新店舗およびテクノロジーへの投資を大規模に実施し、1991年にPOSスキャナーを全店舗に導入した。2010年以降、ウォルグリーンは買収による店舗強化に注力している。とくに注目されるのはイギリスのドラッグストア企業であるアライアンス・ブーツ（Alliance Boots）および医薬品卸のアメリソースバーゲン（Ame-risource Bergen）との提携である。それによって、店舗数と配送センターが増え、巨大なドラッグストアネットワークが構築できるようになった。さらに、仕入先に対する交渉力が強まってくる[9]。この結果、2017年8月にウォルグリーンは8,100店舗を展開しているアメリカ最大のドラッグストア企業となった[10]。

　ウォルグリーンの商品構成では、医薬品を中心に扱っているのが特徴である。1991年当時、調剤薬は35％を占め、最も割合が大きい商品分野となった。それから、一般商品（食品含む）は25％、OTCは14％、リカー/飲料水は12％、化粧品/トイレタリーは9％、たばこは5％となった[11]。その後、専門性を強化するために、医薬品の割合がさらに拡大していった。2011年にウォルグリーン調剤薬売上構成比は64.7％に上昇した（全店舗が調剤機能を持っている）[12]。こうしてみると、アメリカのドラッグストアの主要機能は医薬品の提供であるといえる。

2．日本のドラッグストアの歴史的展開

　日本のドラッグストアは、薬店・薬局という業種店からスタートした。1923年に工業薬品を販売する個人経営の「ハックイシダ」をはじめ、29年に「鶴羽薬師堂（後のツルハ薬局）」、32年に「マツモト薬舗（後のマツモトキヨシ）」、57年に「サンドラッグ」、67年に「河内薬品（後のカワチ薬品）」など、医薬品を主力商品とする薬局が創業された。1970年代に販売方法に不安を持った薬局経営者が「オールジャパンドラッグ（AJD）」と「日本ドラッグチェーン会（NID）」というボランタリー・チェーンを設立し、商品の仕入や物流配達領域において共同化経営を求め、アメリカのドラッグストアの視察に出かけた。1973年にAJDが千葉市に開店した千葉薬品作草部店は、ドラッグストアの実験店舗として、日本のドラッグストア業態が登場した[13]。

　その後、1976年にオープンした「ハックファミリーセンター杉田店（ハックイシダ）」、81年八王子にオープンした郊外型ドラッグストアの「サンドラッグ」など様々なタイプの店舗が相次いで現れた。1987年に、「マツモトキヨシ」は伝統的な白衣を着た薬剤師が暗い店内で対応するというイメージを打破して、アメリカのドラッグストアから学んだ新しいコンセプトを持つ都市型の「マツモトキヨシ上野アメ横店」を開店した。そこでは、間口全面開放で、セルフ販売のコーナー拡大、照度をあげた明るい店内に、多くのサンプルやテスターの常設、生活雑貨の広範な品揃えを行ったため、ドラッグストアの標準的な店舗形態であったといわれている[14]。

　さらに1990年に入ると、「マツモトキヨシ」はテレビCMを放映し始め、消費者による「ドラッグストア」という業態認識が高まり、ドラッグストアが急速に広がった。ドラッグストアの店舗数は1995年の1,015店から、99年の2,987店までおよそ2倍に増加し、売上は1995年の5,006億円から、99年の11,192億円まで1.2倍に拡大した[15]。さらに1999年に「日本チェーンドラッグストア協会（JACDS）」が設立され、同協会が2001年を「セルフメディケーション元年」と宣言することに伴い、人々の健康意識がさらに強くなり、

ドラッグストアの展開が加速していった。

　しかし2000年に入ると市場が飽和しつつあり、ドラッグストアにおける競争が激しくなった。地域におけるドラッグストア企業間の吸収合併が続いており、業態の再編成が進んだ。また2006年「改正薬事法」の公表で、OTCについて、その副作用のリスクによって3分類された。最もリスクの高い第1類医薬品を除き、第2類・第3類医薬品を薬剤師以外でも販売できる登録販売者制度を立ち上げた。それによって、スーパーマーケットやコンビニエンスストアなどの他業態においても登録販売者を確保することで、医薬品の販売が可能となった。こうした状況で、ドラッグストアに関する競争関係は激化し、ドラッグストア企業のグループ化が推進された。2011年までに、ドラッグストア業態はイオン・ウェルシアストアーズ、マツモトキヨシグループ、WINドラッググループ、サンドラッググループ、アインファーマシーズグループ、富士薬品グループ、および独立系ドラッグストアといったいくつかのグループに分かれている[16]。

　近年、競争がさらに激化し、ドラッグストアは業態再編成が進んでいる。とくに、商品構成と利益構造という2つの視点から、価格を重視するディスカウント型、食品分野を拡充する利便性強化型、また医薬品機能を強める専門性強化型というようなドラッグストア企業の動きが見えている。

3．アメリカと日本のドラッグストアの比較

　以上のように、アメリカと日本におけるドラッグストアの発展経緯をみると、ドラッグストアは、国の規制や社会要因などの外部環境に合わせながら、消費者需要に応じて形成されることが確認できた。アメリカのドラッグストアは、長期間にわたって女性の社会進出や競合関係の変化などに対応し、徐々に進化し定着したといえる。これに対して、日本のドラッグストアは発展が遅れ、1980年代末に、アメリカのドラッグストアの経営方式を模倣して一気に日本市場に導入されたという異なる展開プロセスを持っている（図2.1）。

	1930 年代	1950 年代	1970 年代	1990 年代	2000 年代
アメリカ	医薬品のドラッグストア	総合ドラッグストア	美容・健康強化大型ドラッグストア	調剤薬・OTC強化小型ドラッグストア	医薬・簡易医療機能ドラッグストア
日本	医薬品の薬局・薬店		化粧品のドラッグストア	ドラッグストア標準店	HBC強化型ドラッグストア

出所：松村清（1993、2010）をもとに筆者作成。

図2.1　アメリカと日本のドラッグストアの発展

　また制度面での違いは、アメリカと日本のドラッグストアの根本的な差異をもたらしている。アメリカでは、医薬分業と医療費高騰という背景により、ドラッグストアは医薬品提供の主役として位置づけられるため、医薬品、とりわけ調剤薬を主力商品とする業態フォーマットが定着している。それと比較して、日本のドラッグストアは医薬分業が完全に実施されていない状況にあり、調剤薬割合が低い一方、OTC医薬品や化粧品などの割合が高く、HBC商品カテゴリーを中心とする業態フォーマットの展開がなされている。

　また、表2.1はアメリカと日本のドラッグストアの商品カテゴリー構成比を示している。アメリカの場合は、2011年には、調剤薬とOTC/ヘルスケア商品合わせて商品全体の77.0％を占めていた。日本の場合、医薬品分野（調剤薬とOTC/ヘルスケア）は34.5％を占めており、それ以外に化粧品（17.3％）やコンビニエンスフード（17％）、雑貨類（消耗雑貨13.1％、一般商品7.4％）などはほぼ同様の割合であった。ここから、両者が異なるビジネスモデルを持つことが明らかになっている。アメリカのドラッグストアは、医薬品分野に特化し、医薬品を販売する一方、予防接種や体調不良の改善などの簡易医療機能を備える専門性によって成長してきたが、日本のドラッグストアは日常の健康生活維持を訴求し、最寄品の取扱により、商品価格の安さと買物の便利さをアピールして成長してきたといえる。

表2.1　ドラッグストアの商品構成の比較（2011年）

部門	構成比（％）	
	アメリカ	日本
調剤薬	66.9	8.5
OTC/ヘルスケア	10.1	26.0
コンビニエンスフード	9.3	17.0
パーソナルケア	5.4	9.3
化粧品	2.9	17.3
消耗雑貨	2.4	13.1
一般商品	2.3	7.4
その他	0.7	1.5
合計	100.0	100.0

出所：HCIドラッグストア経営統計2012年版と松村（2014年2月）をもとに筆者作成。

4．日本のドラッグストアの特徴を解明するための先行研究の整理

　前節でアメリカと日本のドラッグストアを比較した。それによって、第1章で整理した中国の広義のドラッグストアは、日本のドラッグストアに類似していることが次の2点で確認できる。第1に、従来の薬店が成長する一方、ドラッグストアが導入されたため、中国医薬品小売業界においては、従来の薬店や病院内における薬房と、薬粧店が共存している状態にある。第2に、医薬品販売規制の影響で導入された薬粧店は、医薬品の販売、とりわけ調剤薬の販売について制限があるため、HBCカテゴリーを中心とする展開図式が基本となっている。

　しかし、中国における薬粧店の実情をみると、HBCカテゴリーが中心となるといっても、実際は化粧品の割合が高く、逆に医薬品の割合が極めて少ない（表2.2）。こうした状況で、中国のドラッグストアが医薬品（規制によ

第２章　アメリカ・日本のドラッグストアの比較と先行研究　21

表2.2：日本と中国のドラッグストアの主要商品分野の比較

日本

店舗形態	調剤薬局	ドラッグストア	
主要商品分野	Ｐ１　Ｐ２	（Ｐ１）　Ｐ２　HBC	

中国

店舗形態	病院内の薬房	薬店	薬粧店
主要商品分野	Ｐ１　Ｐ２	Ｐ１　Ｐ２　（HBC）	（Ｐ２）　HBC

注１：Ｐ１は処方箋、Ｐ２は非処方箋を指す。括弧で表示するのは主要商品分野ではない、
　　　あるいは取扱商品としての割合が少ないことを意味する。
出所：筆者作成。

り、一部の処方箋とOTC）を中心とする薬店と、化粧品・化粧品関連商品
を中心とする薬粧店という完全に異なる商品分野に集中させた２種類で展開
している。それは、日本のドラッグストアと最も差異が大きい部分であると
いえる。

　以上のように歴史的展開と現実の観点から、中国の広義のドラッグストア
と日本のドラッグストアの類似点と相違点を検討した。それらの相違点をさ
らに明確にするため、日本のドラッグストアの特徴を理論的に整理する必要
がある。そのため、ここでは、日本のドラッグストアに関する先行研究を考
察しよう。

　日本のドラッグストアに関する研究は、業態革新［周（2005）；島永
（2009）[17]］、業態展開・チャネル構造［本藤（2006）；三村（2014)]、経営戦
略［本藤（2007）；駒木（2012）；富重（2014)]、消費者行動［清水（2004）；
鈴木（2014）；重富、加藤（2016)］という４つの方向で行われてきた。

　業態革新の視点から出発した日本のドラッグストア業態の定着を論じる周
（2005）は、価格を訴求する「小売の輪」理論と品揃えの広狭を強調する
「小売アコーディオン」理論を統合する視点（加藤、1998）から出発し、品
揃えと価格優位性の両面でドラッグストア業態の革新性を議論した。島永
（2009）はこの観点をさらに発展させ、品揃え（利便性と専門性）と利益構

造（低価格訴求と高収益）という2つの軸でドラッグストア業態のポジショニングマップを描いた。また実務面については、周（2005）、島永（2009）はマツモトキヨシを先端事例として取り上げ、企業の歴史的展開を記述したうえで、それを実現させた小売マーケティング要素、いわゆるフロントシステム、およびバックシステムについて分析した。

業態展開・チャネル構造について、本藤（2006）では、マクロの視点で事業所数、従業員数、年間販売額と売場面積などの指標を用いてドラッグストア業態が確実に成長したことを認めたが、他業態の各指標の増加率がより高いことによって、ドラッグストア業態はまだ成熟段階に到達していないことを指摘した。また主要ドラッグチェーンの経営動向の分析から、ドラッグストア業態の集客力を価格訴求によって達成した一方、各社が明確な店舗形態を固めておらず、依然として試行錯誤の状態にあることを指摘した。一方、日本のドラッグストアは価格訴求型から付加価値訴求型へとビジネスモデルを転換している。具体的に、ドラッグストア企業は総合的マーチャンダイジングを指向する「利便性強化型」と、HBCにマーチャンダイジングとサービスを集中させる「専門性強化型」という2タイプに分けられることを指摘した。

三村（2014）は業態成立と比較の視点から、日本のドラッグストアは基本/主要機能である調剤機能をすてることで成長を目指したため、業態としての独自性と（薬局・薬店）存立基盤が弱いという基本課題を指摘した。また、日本のドラッグストアが医薬品の関連品揃えで低価格販売を追求したことは、従来のアメリカのドラッグストアが単純に価格訴求を求めたことと変わらない。アメリカのドラッグストアが、仕入・販売によるマージン確保を求めた小売モデルから、顧客の悩み解決による付加価値提供を進める小売サービスモデルへの転換を参考にして、日本のドラッグストア業態は小売とサービスの複合モデルを用いて、顧客関係性を深化させ、それに対応した経営組織と小売マーケティング戦略の構築が重要であると主張した。

経営戦略に注目した研究として本藤（2007）、駒木（2012）、重富（2014）があげられる。

第2章　アメリカ・日本のドラッグストアの比較と先行研究　23

　本藤（2007）はHBCチャネル変化による商品カテゴリー構成について論じた。とくに、高齢社会が進む背景には、HBCカテゴリーの肥大化、とくに医薬品・健康食品・化粧品が不可分なカテゴリーになることを強調した。さらに、医薬品と化粧品には生産構造における質的差異が存在しており、化粧品はイメージ戦略を訴求するために差別化することが可能である一方、医薬品は販売チャネルによる差があるものの、商品自体に差がないため、差別化しづらいことを指摘した。それにドラッグストアの展開に関して、都市部では専門性を生かし、地域商圏では利便性を追求して、商品カテゴリーを拡大するビジネスモデルの定着する可能性が高いと論じた。

　駒木（2012）では、ドラッグストアの社会背景と果たす役割から始まり、ドラッグストアの定義、成長および近年薬事法による影響などの側面を整理した。そのうえで、ドラッグストアの立地と出店戦略に注目し、ドラッグストア3社（ウエルシア関東、カワチ薬品、マツモトキヨシ）の店舗展開を分析した。結論として、ドラッグストアの商圏が比較的狭く、出店やマーチャンダイジングにあたって商圏内の地理的条件が重要であることを指摘した。さらに、ドラッグストアの業態開発・分化は大きく利便性を強化するバラエティドラッグ、専門性を強化するスペシャルティドラッグ、高付加価値を図るビューティドラッグと、低価格を訴求するディープディスカウントドラッグという4つの方向で進んでいくことを指摘した。

　重富（2014）はドラッグストア業態において、企業間の売上規模、収益構造と店づくりの方向性などにより、差異が大きいことを指摘した。研究ではドラッグストア企業を考察した結果、ドラッグストア企業が「HBC強化型」「ディスカウント強化型」「折衷型」という3つのグループに分けることができるとした。しかし、ドラッグストア業態は他業態との同質化傾向が強まることによって、業態としての存在意義が失われる恐れがあるため、明確な差別化優位性を確立することが課題であるとした。

　次に、消費者行動に注目する研究である。清水（2004）は、スーパーマーケット、コンビニエンスストアとドラッグストア業態の利用程度と関連性について調査を行った。この結果として、ドラッグストアの利用は、主婦の年

24

齢、学歴、自由時間（乳幼児がいるかどうか）などの要因に関連するとした。また、3つの業態の利用程度の関連性について、都市規模と生活水準によって異なることを指摘した。大都市の住民ほど、生活水準が高いほど、3つの業態の利用回数が高くなることが分かった。さらに、ドラッグストアのみ利用回数の多い家庭は、年齢が比較的若く、家族人数が少ないという特徴が明らかにされた。

　また、鈴木（2014）は、ドラッグストア業態の独自性と商品カテゴリーにおける非計画購買について論じた。とくに来店頻度に貢献する日用品や食品について、それらの品目を増やすほど、品揃えの面ではドラッグストア業態としての独自性が弱まり、他業態との違いが曖昧になるため、ドラッグストアは食品の低価格販売の依存から脱却し、持続的に利益を向上させながら、地域のヘルスケア、ビューティケアというような役割を明確にする必要があることを指摘した。一方、非計画購買について、HBCカテゴリーの購買が来店動機とならない場合、非計画購買が発生しにくいことに対し、日用雑貨の購買が来店動機である場合には、化粧品を非計画購買（20％程度の購買者）することが確認された。

　さらに、重富・加藤（2016）は、重富（2014）をさらに発展させ、ドラッグストアが先に述べた3つのタイプであることを確認したうえで、従来の収益モデルであった「大市場の首都圏に本拠を持ち、HBCカテゴリーを中心とする付加価値訴求を行うことで基盤強化を図る」という図式が適用できなくなることが、首都圏・都市部5社に対する調査から分かった。また、利用店舗立地と来店者属性が、店舗に対する満足度に関連すると指摘した。

　以上のように、日本のドラッグストアに関する先行研究をまとめた。しかし、ここで提示した理論では、中国のドラッグストアを説明できない点が3つあると考えられる。第1に、中国のドラッグストアは広範囲で捉えると薬店と薬粧店両方を包含するが、いずれにしても品揃えと利益構造だけで説明することは不十分である。薬店の場合は、従来医薬品の仕入・販売による薬価収益が、「零差益」[18] および「医薬分業」の実施に伴って、だんだん少なくなるため、医薬品以外に医薬品関連サービスの提供や化粧品分野への参入

という薬店全体の動きが見られている。しかし消費者に誤解を与える恐れがあるため、薬店では化粧品の販売は厳格に規制される。こうした状況で、たとえ現段階において商品分野の拡大によって薬店の利益状況を改善しても、長期にわたって、持続的な利益維持につながらないという問題がある。それ以外にも、薬剤師が一般商品を販売することにより販売効率が低下する問題が生じる。一方、薬粧店の場合は、化粧品・化粧品関連商品、トイレタリー用品などを中心に品揃えしている。利益率が高い医薬品については、医療制度・医薬品販売許可制度により、薬粧店での販売はほとんどできないといえる。化粧品については、プレミアム化粧品は百貨店で、ミドルエンド化粧品は薬粧店で、ローエンド化粧品はスーパーマーケットで販売するという、販売チャネルがかなり異なっている。薬粧店ではミドルエンド化粧品に集中するため、競争を重ねて価格戦略を採用することが多い。その一方、利益を確保するために、PB商品を開発したり、顧客の来店頻度を高めるため、日用雑貨や食品分野に参入したりするようなマーケティング戦略が行われる。これらのことから、中国のドラッグストアの成立は品揃えと利益構造だけでは説明しづらいといえる。

　第2に、日本の先行研究ではドラッグストアの発展については、利便性強化、専門性強化、付加価値訴求と価格訴求といった発展の方向が議論されたが、中国のドラッグストアは主要商品分野の違いによって、その発展の方向が大きく異なる。たとえば、薬店は専門性強化、薬粧店は利便性強化という棲み分けがある。また中国のドラッグストアは、まだ発展し始めた段階にあり、ドラッグストア企業の行動は政策、社会、消費者、競合関係などの多様な外部要素に影響される。そのため、中国のドラッグストアの発展方向を議論する際に、利便性や専門性など単一の方向へ進むとは限らず、たとえば専門性・付加価値訴求というような複合型の展開も十分に考えられる。

　第3に、ドラッグストアを利用する消費者行動について、消費者の年齢、学歴、自由時間、家族人数などの個人的な要素と、都市規模や生活水準という社会的な要素、さらに、購買行動を行うときの非計画購買傾向および購買後の満足度などが分析されたが、中国のドラッグストアの消費者行動を検討

しようとするためには、さらに3つの要因を考える必要がある。まず、中国の消費者層は「80後90後」（1980年代と1990年代から生まれた世代、現在20代〜30代になった）と「高齢者層」（65歳以上）という2大集団があるため、それぞれ鮮明な消費特徴を持っている。ここでは、中国のドラッグストアの主要商品分野の違いによって、消費者行動の差異が大きいと考えられる。次に、社会的な要素として、中国では男女共働きをすることが一般的であるため、女性の消費習慣が日本の女性消費者と大きく異なることを見逃してはいけない。さらに中国のドラッグストアの発展は2000年以降からといえるが、同時期には、インターネットショッピングも発展し始めた。この背景には、消費者はインターネットショッピングの影響を受けて、購買方法が変わる一方で、消費者自身の立場やリアル店舗に対する評価も変わっているため、ここでは販売チャネルの変化が消費者にもたらす影響について改めて考える必要がある。

　したがって、3つの相違点それぞれについて確認していきたい。具体的に、1つ目の相違点は第3章と第6章で、2つ目の相違点は第7章と第8章で、3つ目の相違点は第4章と第9章で考察する。

注

1）松村清（1993.5）『アメリカドラッグストア研究』、pp.24〜29。

2）少家族化とは世帯人数が減少する傾向を指す。1965年家族数が3.7人であったに対して、1975年には3.5人に減少した。70年代は少家族化のはじまった時代であると言われた。松村清（1993.5）『アメリカドラッグストア研究』p.38。

3）OTCとはOver the counter drugの略語であり、一般用医薬品を指す。

4）本段落は松村清（1993.5）『アメリカドラッグストア研究』pp.32〜44をもとに筆者整理。

5）Leah Jeanne Zambernardi（2002）による。

6）松村清（2013.9）「高まるドラッグストアにおける食品の重要性」、松村清（2016.2）「米国ドラッグストア・ニュース10」ドラッグストア研究会。

第2章 アメリカ・日本のドラッグストアの比較と先行研究 27

7）The Companies；Barclays Researchによる。

8）ウォルグリーンのホームページをもとに筆者整理。

9）鈴木敏仁（解説）（2014.10.15）「ドラッグストア」『Chain Store Age』pp.68〜70。

10）Store Count by Stateによる。

11）松村清（1993.5）『アメリカドラッグストア研究』pp.206〜209。

12）松村清（2012.10）「アメリカドラッグストア最新事情」『販売革新』pp.68〜73。

13）松村清（2010）『ドラッグストアの動向とカラクリがよくわかる本』秀和システムp.15。

14）吉田雅司（2005）、『商業界』（2001）による。

15）『ドラッグストア経営統計』2004年による。

16）詳しくは駒木（2012）を参照されたい。

17）著者の周嵩、島永嵩子は同一人物である。

18）販売価格と仕入れ価格を一致させることによって売買差益をゼロにする。

第 3 章
中国のドラッグストアについての再整理

1. 実務面と法律面でのドラッグストアに対する認識の差異

1-1　実務面でのドラッグストアに対する認識の差異

　本章では、ドラッグストア、薬店、薬粧店の形成および関連性を再整理するため、第1章で用いた「広義のドラッグストア」、「広義の薬粧店」に代わってドラッグストアと薬粧店を用いる。

　中国においては、ドラッグストアに関しての法律が制定されておらず、食品医薬品監督管理局などの国家部門も正式な定義も定めていない。2004年に実施した「小売業態分類」[1]のなかでは、小売業態を17タイプに分類した。そのなかでは、専門店（Specialty Store）はある商品カテゴリーを中心に取扱い、店内において専門知識を有する店員がいて、ある程度のアフターサービスを提供する小売業態であると規定している。補足説明のなかで、医薬品専門店（ドラッグストア）は専門店の一例としてあげられた。これによって、ドラッグストアが医薬品専門店、つまり薬店として理解されるようである。

　その一方、ドラッグストアを薬粧店とみなし、また、薬店と薬粧店を並べて言う実務家と研究者も多くいる（李・李（2010）[2]、柳（2011）、謝（2012））。

　ここでは、ドラッグストアの定義に関する議論を大きく2つに分ける。1つ目は、ドラッグストアは薬店なのか、薬粧店なのか、それとも薬店と薬粧店両方を含むのかという範囲の問題である。前章ですでに議論したように、薬店が医薬品、薬粧店が化粧品を中心とするため、いずれもドラッグストアを説明するには不十分である。なぜなら、日本やアメリカのように医薬品や化粧品、健康食品などの商品カテゴリー要素を考える一方で、ドラッグストアを定着させるチェーンオペレーションと仕組みもドラッグストアの基本である。そのため、現段階では、薬店と薬粧店は少なくともドラッグストアの店舗形態の1つとして存在している。

　実際には、薬店と薬粧店は図3.1で示すような動きが見られている。すなわち、薬店の主要商品分野は医薬品から、パーソナルケア商品/化粧品、ま

第3章 中国のドラッグストアについての再整理 31

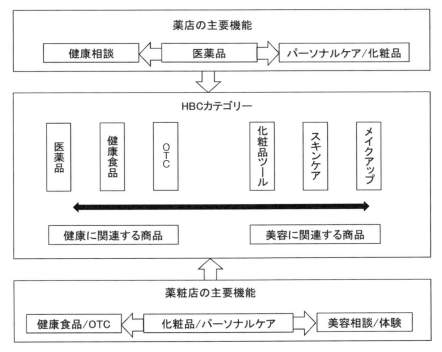

出所：謝（2012）p.41、李・李（2010）pp.4-9をもとに筆者修正。

図3.1 薬店と薬粧店の主要機能の変化

た健康相談サービスの提供まで拡大しつつある。そのなかで医薬品は、従来のように疾病を治療するための医薬品から、疾病の予防、または健康生活を維持する医薬品まで範囲が広がっている。一方、薬粧店は化粧品/パーソナルケア商品から美容サービスの提供、健康食品やOTCまで商品分野が拡大している。しかし2011年頃から多くの地域において、薬店の取扱商品のなかで、非医薬品カテゴリーを店舗面積の30％以内に収めるという薬店の管理政策が実行されている。

　このように、行政介入が多い医薬品を取扱う薬店と薬粧店に対して、短期間に日本やアメリカのようなドラッグストアを形成することは困難であろう。実際に、薬店と薬粧店の経営の実態をみれば、表3.1で整理したように、現

表3.1　薬粧店と薬店の商品項目の比較

アイテム	化粧品	トイレタリー	個人ケア	医薬品	医療機器	健康食品	日用雑貨	食品	ベビー用品
薬粧店	○	○	○	△	×	○	○	○	○
薬店	△	×	○	○	○	○	×	×	○

注：①「○」は販売している商品。「×」は販売していない商品。「△」は特殊経営許可で
　　販売できる商品。②経営範囲は企業により異なるため、薬粧店はワトソンズを参考にし、
　　薬店は老百姓大薬房を参考にすることになった。
出所：筆者作成。

段階では薬店と薬粧店の主力商品分野はかなりの違いがあると分かる。

　2つ目は、薬粧店についての理解である。中国産業協会商会[3]や中国ヘルスケア協会などの組織、また実務家や研究者は薬粧店の定義をそれぞれ提示した。たとえば、中国ヘルスケア協会はドラッグストアが健康美容品と医薬品両方を取扱っている薬店であり、医薬品の割合が20〜50％であると定義している。また実務家と研究者である李・李（2010）は、化粧品の売上高が売上総額の40〜50％を占める小売店がドラッグストアであると理解している。ここでは、ドラッグストアに対する理解は、小売店舗の取扱商品カテゴリーに集中している。つまり、化粧品以外にどのような商品カテゴリーが含まれるのか、さらに、化粧品と他の商品カテゴリーの取扱い度合いがどのようになっているのかがポイントとなる。

　また、もう1つの議論の焦点は、化粧品を取扱う小売店舗の分類にある。たとえば、化粧品カテゴリーにおいてブランド数が単一であるか複数であるかにより分類される。特定の化粧品メーカーの単一ブランドを販売する店舗は化粧品専売店（Brand Exclusive Store）、複数の化粧品メーカーの複数ブランドをともに販売する店舗は化粧品専門店（Cosmetics Specialty Store）、複数の化粧品メーカーの複数ブランド、さらに、OTC/健康食品、その他日用雑貨/食品を販売する店舗は薬粧店（Drugstore）という分類がある[4]。また、商品に焦点を当てて、「薬粧」を販売する小売店舗を薬粧店という分類もある。この場合は、前節で述べたヴィシーを専売する化粧品専売店、また

第3章　中国のドラッグストアについての再整理　33

はヴィシーを取扱う化粧品専門店とパーソナルケアストアはすべて薬粧店であると思われる[5]。

　以上のように、ドラッグストアと薬粧店に対する認識は現段階では混乱している状況にあると分かる。

1-2　法律面での不明確性と不一致

　法律面でみると、化粧品と医薬品はそれぞれ定義されている。化粧品については、「化粧品衛生監督条例」によると、特殊用途化粧品と非特殊用途化粧品の2種類に分けられる（表3.2）。薬粧化粧品について法的な定義はなされていない。肖（1992）では、薬成分、とくに医療効果がある成分が含まれる化粧品を薬粧化粧品と定義している。化粧品の分類および薬粧化粧品の定義に基づいて、薬粧化粧品は特殊用途化粧品に最も近いといえる。

　販売許可については、化粧品、医薬品、健康食品を販売するためには、国家から許可を得る必要があり、許可を得た化粧品には「衛粧準字」、特殊用途化粧品には「衛粧特字」、医薬品には「国薬準字」、健康食品には「国食健字」を、パッケージに明示する必要がある[6]。ただ化粧品の販売について、「化粧品衛生監督条例」によって、化粧品の包装と説明書のなかで、商品効果の宣伝と医療専門用語を使用することが禁止されているため、薬粧化粧品と化粧品との判別は難しくなる。たとえば、前節で説明したヴィシーは「衛粧準字」を付けられている。つまり、薬粧化粧品が特殊用途化粧品に所属するのか、非特殊用途化粧品に所属するのかについては不明確である。

　他方、医薬品については、「中国医薬品管理法」[7]によれば、医薬品小売企業は本部所在地の県級以上の医薬品監督管理部門から得た「医薬品経営許可」を工商管理部門に登録すれば、医薬品を販売することが可能となる。また、2000年4月に医薬品監督管理局が公表した「医薬品小売チェーン企業に関する規定」では、医薬品小売チェーン企業はGSP（Good Supply Practice）認証を得ると、省・都市という地域制限を越え、支社とチェーンストアを経営することが可能となる。

　医薬品小売企業は、化粧品の販売について、2007年に医薬品監督管理局が

表3.2：化粧品に関する諸概念

概念	定義	法律・法規	販売許可
化粧品	化粧品とは塗り、スプレーまた他の方法で、体の表面（皮膚、髪、つめ、唇など）を清潔にして、臭いを消し、スキンケア、美容および修飾するための日用化学工業商品である。	「化粧品衛生監督条例」「化粧品衛生規範(2007年版)」	「衛粧特字」「衛粧準字」
―特殊用途化粧品	特殊用途化粧品は髪育、髪染、パーマ、脱毛、美乳、健美、消臭、シミ、日焼け止めの9種類がある。	「化粧品衛生監督条例」「化粧品衛生規範(2007年版)」	「衛粧特字」
―非特殊用途化粧品	特殊用途化粧品以外の普通化粧品。	「化粧品衛生監督条例」「化粧品衛生規範(2007年版)」	「衛粧準字」
薬粧化粧品	薬粧とは薬成分、とくに医療効果がある成分が含まれる化粧品である。その化粧品は美容を目的とする。(肖、1992)	「化粧品衛生監督条例」「化粧品衛生規範(2007年版)」「中国薬典」「薬品管理法」	不明確

出所：筆者作成。

医薬品販売企業の経営を強化するため、医薬品小売企業が売場を貸すことを禁じるとともに、パッケージに「健」「消」「粧」の付いている商品が医薬品と明確に区別して販売するように規定された[8]。その後、2011年5月に商務部は「全国医薬品流通業発展計画綱要（2011-15年）」（以下、「綱要」）を公表し、そのなかでは、医薬品を取扱う小売企業が、薬粧、健康食品、医療機器および健康に関連するサービスを中心に、取扱商品・サービスの多様化を促進すべきだと指摘された[9]。「綱要」の公表は医薬品小売企業の商品政策を緩和させており、医薬品小売企業に正の影響を与えた。しかしながらそれを実施する際に、多くの地域において薬店が、取扱商品のなかで非医薬品カテゴリーを店舗面積の30％以内に収めるという薬店の管理政策が定められて

いる。

　以上のように、食品医薬品監督管理局や商務部などの政府部門による法律と政策が打ち出されていた。それらの政策において、医薬品小売企業に対する呼び方がそれぞれ異なっている。たとえば、薬店、医薬品小売企業、医薬品小売チェーン企業、医薬品および医療機器専売小売業といった使い方があげられる。ここでは、政策面でこれらの名称が統一されていない問題がまず指摘できる。さらに、それぞれ名称についての解釈、また包含関係の不明は混乱をもたらす原因の1つとしてあげられる。

2．歴史的変遷から見るドラッグストアの形成

　以上のように、実務面でのドラッグストア、薬店、薬粧店に対する認識の違いと、法律面での規定の不明確および関連政策の不一致について考察した。それによって、薬店と薬粧店において多種多様な店舗形態があるため、現状のみに注目することは混乱をもたらす原因であると考えられる。ここでは、歴史的変遷という視点を含めて、中国のドラッグストアを改めて整理する。そのため、次のように薬店と薬粧店の形成プロセスをそれぞれみていく。

　まずは薬店についてみていこう。1949年以前は、医薬品（漢方薬）の製造と販売を担う私営薬舗が多かった。1949年の建国以来、私営薬舗が国有化された一方で、国が全国の医薬品市場を統制するために、国営企業を中心とする医薬品分配体制を確立した。この時期の医薬品小売組織として、主に国営の製薬会社と薬材会社が設立した小売拠点（「経営門市部」、「薬材駅」や「供給網点」と呼ぶ）と、国営製薬会社が設立した基層供給販売合作社と地域診療所（「衛生院」と呼ぶ）の代理卸販売拠点があげられる。当時の医薬品流通は卸・小売結合体制になっていた[10]。

　1979年の改革開放以降、国は管理を強化するため、医薬品流通体制に関しては、「統購包銷、逐級調撥」（下級組織から上級組織に買付け計画を出して、上級組織が統一して生産・仕入れた後に、下級組織に分配する）[11]という基本制度が整えられたが、経済の発展につれて、医薬品市場が過剰供給と買い

手市場に変わりつつあったため、1984年にこの制度を廃止し、チャネル多様化と流通段階の短縮を促進した。さらに、1985年に実施した「医薬品経営企業許可証」制度では、医薬品卸・小売企業と医薬品小売企業それぞれの審査基準を規定し、これにより、医薬品小売市場がさらに管理されるようになった。1990年代以降に、医薬品流通体制は経営転換を行い、国営の製薬会社や薬材会社に所属する小売拠点以外に、医薬品の仕入・販売に従事する薬店企業も急速に展開してきた。さらに1990年代後半から、これらの薬店企業は、チェーンオペレーションの試みを始めた。たとえば、1996年に広州市薬材会社のもとの96店舗は統合され、広州采芝林薬業連鎖企業（現在の広州製薬）が成立した。その後、1997年に鴻翔中西大薬房（現在の一心堂）が成立して、1998年に上海華氏大薬房がチェーン店を展開し始めた。

1999年から、「医薬品流通体制改革指導意見」、「城鎮医薬衛生体制改革の指導意見」[12] などの政策により、医薬品流通企業の所有権の多様化および経営方式の現代化を加速させた。さらにWTOへの加入により、この時期には多くの民営薬店企業と合弁企業が現れた[13]。同時期に、薬店企業は規模拡大を追求し、店舗数を増やす一方、店舗形態の革新を積極的に行っていた。平価大薬房（価格が安い、売場面積が大きい）、医薬品スーパー、店中店（店舗のなかに健康食品専売コーナーや化粧品専売コーナーを設置）、薬粧店などの新しい店舗形態は、この時期から発展してきた。

これらを踏まえて、図3.2で薬店の形成プロセスを整理した。ここでは、医薬品の仕入販売と医薬品・薬材の生産という区分により、主要事業活動を小売活動主体と生産活動主体に分ける。病院内の薬房については、歴史的変遷が薬店と異なるため、第5章で触れることにする。

次に薬粧店についてである。1978年の改革開放以降に、女性の「美」に対する意識が高まり、化粧品への需要が拡大していった。中国のローカル化粧品企業（代表ブランド「孔鳳春」「百雀羚」「郁美静」の展開は、ほとんどその時期から開始されたといえる。その一方、外資参入に対する規制緩和により、1980年代から資生堂をはじめ、外資系化粧品企業は中国市場に参入しつづけた。たとえば、1991年に資生堂は、「北京麗源公司」との合弁会社

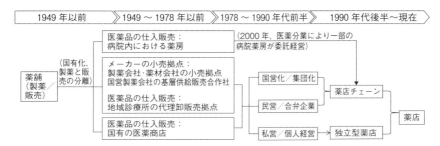

出所：筆者作成。

図3.2　薬店の形成プロセス

「資生堂麗源化粧品有限公司」を設立した後、1994年に中国専用ブランド「オプレ」を発売した。また、1988年にコーセーは、浙江省杭州市の「孔鳳春化粧品廠」との合弁により、「春絲麗有限公司」を設立し、シャンプーやリンスなどのトイレタリー用品から、スキンケア、メイクアップ化粧品へと商品分野を拡大した[14]。当時、化粧品の販売は総合商店や百貨商店という国営の商店と、友誼商店などの大型商店やホテルに集中していった。

その一方、ロレアルグループ傘下のヴィシー（Vichy）は資生堂などと全く異なる販売チャネルを選択した。1998年に、ヴィシーは中国に進出し、中国の薬店において販売を開始した。当時、ヴィシーは全国の多くの病院で皮膚科臨床試験を受け、相次いで上海、北京、広州などの大都市で300以上の薬店で化粧品専売コーナーを設置した。ヴィシーの進出により、薬粧というコンセプトがはじめて中国の消費者に知られた。それとともにスキンケア薬剤師を店内に配置して、化粧品を販売する時、皮膚検査装置によって消費者のスキンケアアドバイスを提案する。その後、快適な買物環境を提供するため、ヴィシーは薬店から百貨店へと出店戦略を変えた。2001年にヴィシーは、全国の700以上の百貨店に化粧品コーナーを設置し、同時に7つの旗艦店を開店した[15]。

その後、「依泉」（イーセン）(Uriage)、「理膚泉」（リフチェン）(La Roche-Posay)、「雅漾」（ヤヤン）(Avene)、「佳丽宝」（カネボウ）(Kanebo)などの外資ブランドも薬店での販売を開始した。同時

に、薬粧市場の成長を期待する中国の製薬企業や薬店企業は、2000年以降から相次いで薬粧市場に参入し続けた。たとえば、2001年に北京同仁堂は、「同仁本草化粧品公司」、「同仁堂麦尔海化粧品公司」を設立し、美白マスクから、シミ・ソバカス対策商品やスキンケア、メンズ化粧品などを次々に販売するようになった。また、「雲南白薬」グループはトイレタリー用品に注力し、2004年に雲南白薬歯磨き膏を発売し、その後、薬粧ヘアケア商品へと商品分野を拡大していった[16]。さらに、2005年から、「広州敬修堂薬業」は、薬粧GMP認定[17] および設備改造に500万元を投資し、マスクやクリームなど70種類の化粧品を発売して、同時に薬粧店を開設して、加盟店経営を展開した。

　このように、薬粧に対する認知度がさらに広がることに伴い、製薬企業や薬店企業が薬粧化粧品販売コーナーや薬粧化粧品専売店を開設して、薬粧店を名乗る小売業が出現した。しかしながら、薬粧化粧品に関する法律・規制の不備、かつ一般の化粧品との定義が明確になっていないため、薬粧化粧品は一般の化粧品の管理制度を参考するようになった。そうした状況で、薬粧は皮膚問題の改善を強調する「薬」粧から、重心を「粧」に移して、一般の化粧品まで拡大していた。これに伴い、薬粧店も化粧品を扱う店舗に範囲が広がった。

　一方、1980年代後半から、化粧品やトイレタリー用品などを販売するパーソナルケアストアが現れた。1989年に香港系のワトソンズ（Watsons）が、北京麗都広場で開店したパーソナルケアストア（中国名称は「個人用品店」）は、中国でははじめての健康・美容商品小売店舗といわれている。しかし、こうした店舗理念は消費習慣や価値観に合致しなかったため、パーソナルケアストアの展開はうまく行かなかった。その状況は2004年まで続いた。

　2004年から小売業に関する外資参入規制は全般的に解放されたことによって、多様な業態が導入され、小売市場の活性化をもたらした。その時期には、ワトソンズ（Watsons/屈臣氏、香港系、1989年）のようなパーソナルケアストアで展開する企業は、マンニング（Mannings/万寧、香港系、2004年）、コウシメイ（Cosmed/康是美、台湾系、2004年）、ジアレン（Gialen/嬌蘭佳

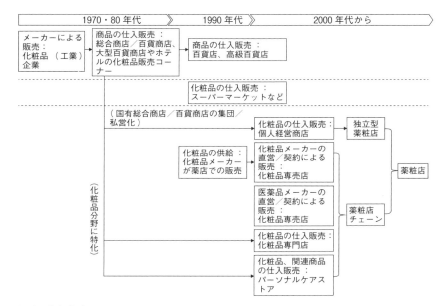

出所:筆者作成。

図3.3 薬粧店の形成プロセス

人、内資系、2005年）などがあげられる。それと同時に、化粧品を中心に展開する化粧品専門店のササ（Sasa/莎莎、香港系、2004年）、セフォラ（Sephora/絲芙蘭、フランス系、2005年）も展開しはじめた[18]。化粧品市場の拡大に伴い、以上のようなパーソナルケアストアと化粧品専門店は急速に成長していた。しかし、薬店での化粧品販売に関する法律が厳しくなることにより、ヴィシーのような薬店を志向するビジネスモデルはすでに成立しなくなる。そのため、化粧品ブランドは販売チャネルを調整し、百貨店以外に専門店で化粧品コーナーを設置したり、商品を供給したりすることが多く行われた。このように、化粧品やトイレタリー用品などを販売するパーソナルケアストアや、化粧品専門店も薬粧店の範疇に入るようになった。以上を踏まえて、図3.3で薬粧店の形成プロセスを整理した。

3．ドラッグストアについての再整理と分析の枠組み

　以上のように、歴史の視点から薬店と薬粧店の形成プロセスを整理した。それにより、薬店は医薬品流通体制の形成および国有企業経営体制転換によって現段階の病院内の薬房、薬店チェーンと独立型薬店に集約してきたことと、薬粧店は外資の参入に伴って多様な店舗形態から現段階の薬粧店チェーンと独立型薬粧店に変わってくることが分かった。また、法律・規制（第3章1節1-2）などの原因により、薬店と薬粧店はどちらも医薬品と化粧品をバランスよく取扱う店舗形態がいまだに存在していないため、薬店と薬粧店それぞれについてより詳しく見ていく必要がある。

　他方、（第2章4節）で検討したように、中国の薬店と薬粧店を説明するためには品揃えと利益構造だけを用いることでは不十分である。すなわち品揃えについては、法律・規制による制限があるため、短期間で薬店が医薬品を中心に、薬粧店が化粧品を中心に行うという差異がある。それは薬店と薬粧店の利益構造にも影響している。医薬品が高利益であり、化粧品が低価格戦略による低利益にあることから、中国においては利益構造から薬店と薬粧店について説明しづらい。

　薬店と薬粧店の形成プロセスに関して歴史的な要因が重要であるため、本章では、薬店と薬粧店を考察するために、歴史的形成と品揃えという2つの要素から次のように新しい分析的枠組みを提示する。

　第1の要素について、薬店と薬粧店の歴史的形成には2つのパターンがある。それは商品（医薬品/化粧品）の生産活動からスタートし、小売側に進出し、直営や契約などの方式によって小売活動まで関与するパターンと、商品（医薬品/化粧品）の仕入販売を中心とした、小売マーチャンダイジングを中心事業とするパターンである。それによって、メーカー直営/契約による系列店販売と小売業者による商品の仕入販売という2つの店舗形態に分けることができる。

　第2の要素は取扱商品の品揃え幅である。それについて、薬店は医薬品の

第3章　中国のドラッグストアについての再整理　41

表3.3　薬店と薬粧店における4つの象限

薬店	品揃え幅が狭い （医薬品）	品揃え幅が広い （医薬品、健康食品、化粧品など）
メーカー直営／契約による 系列店販売	A-Ⅰ	A-Ⅱ
小売業者による商品の仕入 販売	A-Ⅲ	A-Ⅳ

薬粧品	品揃え幅が狭い （化粧品）	品揃え幅が広い （化粧品、トイレタリー用品、健康食品など）
メーカー直営／契約による 系列店販売	B-Ⅰ	B-Ⅱ
小売業者による商品の仕入 販売	B-Ⅲ	B-Ⅳ

出所：筆者作成。

みを取扱う品揃え幅が狭い場合と、医薬品や健康食品、化粧品などの非医薬品分野を取扱う品揃え幅が広い場合がある。また薬粧店は化粧品のみを取扱う品揃え幅が狭い場合と、化粧品やトイレタリー用品、健康食品など品揃え幅が広い場合がある。

　この2つの要素により、表3.3で示すように薬店と薬粧店をそれぞれ4つの象限に分けることができる。すなわち、メーカー直営/契約による系列店販売の場合は、薬店と薬粧店に対応して品揃え幅が狭い象限をA-ⅠとB-Ⅰ、品揃え幅が広い象限をA-ⅡとB-Ⅱに分類する。また、小売業者による商品の仕入販売の場合は、薬店と薬粧店に対応して品揃え幅が狭い象限A-ⅢとB-Ⅲと、品揃え幅が広い象限A-ⅣとB-Ⅳに分類する。

　Ⅰは、医薬品か化粧品カテゴリーに特化し、ある特定ブランドのみを販売するメーカーの系列店である。化粧品専売店はこの象限の代表となる。しかし、百貨店や専門店などの小売業態の発展と市場競争の激化にともない、化粧品専売店は独自の店舗展開では非効率になりつつあるため、百貨店や専門

42

店で売場を借りて販売を行うような動きが強くなっている。

Ⅱはブランド効果を活かし、医薬品/化粧品、健康食品などの関連する商品を幅広く取扱うメーカーの系列店である。

ⅢはⅠと同様に医薬品か化粧品カテゴリーに特化するが、ある特定ブランドに限らず、複数のブランドを扱い、専門性を強化する店舗である。代表として、美容院、化粧品専門店、農村部における薬店（薬舗）があげられるが、商品の多様化戦略の進行によって、取扱商品の幅がだんだん広くなる傾向が見られる。

Ⅳは専門性を強調する一方で、利便性を重視するため、医薬品/化粧品および関連商品を幅広く取扱い、各分野において複数ブランドの商品を仕入れてマーチャンダイジングを行うことによって、商品を販売する店舗である。ドラッグストアの実態を見ると、多くのドラッグストアがこの象限にあてはまる。

商品品揃え幅の狭い象限であるⅠとⅢについては、商品の多様化につれて、それぞれ品揃え幅の広い象限のⅡとⅣに移行する可能性が考えられるため、現段階では安定的ではないと思われる。そのため、本論では大多数のドラッグストアが採用する品揃えの幅が広い象限であるⅡとⅣに焦点を当てて分析を進める。

注

1) 2004年に国家品質監督検査検疫総局と国家標準化管理委員会が公表した「小売業態分類」（GB/T18106-2004）が実施されている。「分類」のなかでは、小売業態の9タイプを17タイプに変えた。

2) 李従選は昆明滇虹薬業の副社長に在任して、中国人民大學トレニニーグ学院特任講師、中山大学EMBA特任講師、国家食品医薬品監督管理局ゲスト専門家、第三終端研究室副主任、『中国薬店』トレーニングセンター専任講師、薬店貿易聯盟顧問、上海流通研究所特任研究員などを兼任している実務家と研究者である。

3) 中国産業協会商会は中国産業の発展を推進するために、商務部を始めとする政府部門

第3章　中国のドラッグストアについての再整理　43

と非営利組織の学者などが設立し、様々な協会を会員に加入してもらう組織である。

4）屈雲波『中国化粧品ターミナル変革』pp.37～41。

5）李従選、李秉彧（2010.1）『薬粧店営銷策略』pp.11～26。

6）「国薬準字」「国食健字」「衛粧準字」「衛粧特字」はそれぞれ国家に認められた医薬品、健康食品、衛生化粧品、衛生特殊用途化粧品であることを意味する。

7）1985年7月1日に中国医薬品管理法を実施した。

8）「健」「消」「粧」はそれぞれ国家法律により、保健用品、消毒用品、化粧品を意味する。

9）2013年には、上場している医薬品の取扱企業のなかで、買収合併の件数は66件、買収金額は54億元であった。

10）楊暁栄（1996）「国内外社会薬房の歴史と現状」『中国薬房』第7巻第1期、pp.20～22。

11）郭春麗、国家発展改革委員会経済所研究員（2013.9）「我国医薬品生産流通体制現状および問題」『経済学家』pp.24～33。

12）1999年に、元国家経済貿易委員会が「医薬品流通体制改革指導意見」（1999）1055号を公表した。2000年7月24日～26日に国務院が「全国医療保険制度改革と医薬衛生体制改革大会」では、医療保険改革を実現するために医療保険制度改革、医療衛生体制改革および医薬品流通体制改革という3つの改革を進行することが必要である。これらの意見は「城鎮医薬衛生体制改革の指導意見」国発［2000］16号でまとめた。

13）2003年12月に、中国永裕新興医薬有限公司がはじめての医薬品流通合弁会社として設立されたことによって、外国資本は中国の医薬品流通領域に参入し始めた。

14）マーケティング史研究会（2014）p.65。

15）中国網中国視窓ニュース（2016.5.12）「ヴィシーの良さ—中国における展開」斉魯夕刊。

16）週刊粧業（2013.2.19）「中国における薬粧化粧品（薬用化粧品）市場の現状」。

17）GMPとは「Good Manufacturing Practice」の略で、製造所における製造管理、品質管理の基準である。

18）括弧で英語通称/中国語通称、資本、中国大陸の1号店の開店年を表す。

第 4 章
中国のドラッグストアを取巻く外部環境

中国のドラッグストアをさらに詳しく考察するために、ウォルト・ロストウ（Walt Whitman Rostow）の経済発展段階にしたがって、表4.1で整理したように「1978年以前」「1978年〜1990年」「1991年〜2000年」「2001年〜2010年」「2011年〜現在」の5つの段階に分けて、各時期における社会、小売業またはドラッグストアが起きた変化をまとめた。次の節で、社会環境の変化、消費者層と支出、小売業態の変化についてそれぞれ考察していきたい。

1．社会環境の変化

中国のドラッグストアを取巻く外部環境を考察するには、社会環境の変化を取り入れることが重要である。それは、経済の発展状況、人口構造の変化および所得水準の上昇といった要因が、ドラッグストアの発展に関係しているからである。またこうした変化に伴い、消費構造と消費価値観が変わってくる。とくに、経済移行期にある中国では、「中間所得層」と「80後90後」、また高齢人口の増加につれて「高齢者層」が形成され、それぞれの集団は鮮明な特徴を持っている。このような消費者の変化に影響され、小売業態の展開方式も大きく変化しており、中国小売市場は伝統的な小売業（トラディショナルトレード）から現代小売業（モダントレード）へと進展しつつある。ドラッグストアはこのような背景のもとで成長してきたものである。次の節で、社会環境、消費者層、消費者支出および小売業態の変化についてそれぞれ分析していく。

1-1　経済の成長

1990年代から、中国経済は成長段階に入り、GDPが1996年の7.2兆元から、2005年の18.7兆元に、およそ2.6倍に拡大した。その後、経済成長のスピードがさらに加速して、2006年から2016年の11年間に、GDPが21.9兆元から74.4兆元に、およそ3.4倍拡大した。経済成長が進むとともに、社会消費財小売総額[1]も拡大の一途をたどった。とくに、2006年から2016年にわたって、

第4章　中国のドラッグストアを取巻く外部環境　47

表4.1　中国におけるドラッグストアの展開段階にある事柄

	1978年以前	1978年〜1990年	1991年〜2000年	2001年〜2010年	2011年〜現在
社会（人口/都市化）	−	−	1996年の高齢化比率6.4%、都市化率は30.5%	2010年の高齢化比率は8.9%、都市化率は49.9%	2015年の高齢化比率は10.5%（2014年から高齢化社会に入った）、都市化率は56.1%
経済（GDP/所得/格差）	−	−	1996年のGDPは7.2兆元、法人社数440万社、卸小売法人社数は15.5%	2010年のGDPは41.3兆元、法人社数875万社、卸小売法人社数は22.5%	①2015年のGDPは68.9兆元、法人社数1,572万社、卸小売法人社数26.7%②城鎮部の発展が農村部をはるかに超えて、格差が拡大
関連の政策/法律	−	改革開放	①地域制限を超えるチェーンストア展開②外資参入の規制緩和	①外国資本による買収が認められた②「中国小売業態分類」の実施③医薬品販売価格の「零差率」の実施	医薬品を取り扱う小売企業の商品多様化の促進とチェーン化率の向上
小売業態の特徴	国営商店、青空市場、業種店	国営商店、青空市場、業種店	①外資系企業の参入②新業態の導入③百貨店とスーパーマーケットの急成長	小型スーパー、コンビニエンスストア、ホームセンターなどの拡大	①専門店の急成長②スーパー・ハイパーマーケット、百貨店の安定的な成長③ブティックの流行
ドラッグストアー薬店	医薬商店/医薬品販売会社	独立型薬店（個人/集団/法人）/医薬品販売会社	①1990年代後半からのチェーン化②独立型薬店の拡大	チェーン店舗拡張期、競争激化	①経営効率向上②資本提携、吸収合併③商品・サービスの多様化④オムニチャネル⑤独立型薬店の規模の縮小
ドラッグストアー薬粧店	化粧に対する批判がある	①内資系企業が地域を中心に展開②1980年代から外資化粧品ブランドが参入、国営商店で販売開始	①香港系/外資系企業の参入②内資系を中心とする化粧品系列販売店	①化粧品専門店、パーソナルケアストアの店舗拡張②化粧品販売チャネルの形成	①競争の激化により店舗経営効率化の強化②地域を中心に展開③店舗の差別化の追求④化粧品専売店の規模の縮小

注：空白はデータがない部分である。
出所：国家統計局のデータをもとに筆者作成。

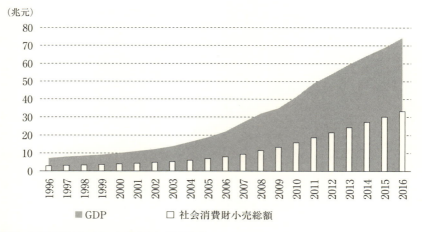

出所：国家統計局のデータをもとに筆者作成。

図4.1　GDPと社会消費財小売総額の推移（1996〜2016年）

社会消費財小売総額は4.2倍に拡大した（図4.1）。

　一方、法人社数の推移からみると、1996年の法人社数は440万社であったが、2016年には1,819万社までに、4.1倍増加した。そのなかで、卸小売法人社数は1996年の68万社（全体の15.4％）から2016年の504万社（全体の27.7％）に、7.4倍増加した。

1-2　人口構造の変化

　1990年代から中国の人口構造は大きく変化した。それについては、労働人口（15-64歳）の増加と高齢人口（65歳以上）の増加の2点に反映されている（図4.2）。1996年に、労働人口は8.2億人であり、総人口の67.2％を占めたが、2015年に、その人口数が10.0億人に増加し、総人口の73.0％を占めた。労働人口の増加は経済成長および社会消費財小売総額の拡大の理由の1つとして考えられる。

　その一方、高齢人口も増加している。とくに、2015年に65歳以上の人口は1.4億人となり、総人口の10.5％を占めている[2]。実際には、2000年（高齢

第4章 中国のドラッグストアを取巻く外部環境 49

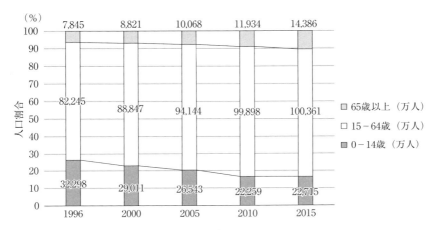

出所：国家統計局のデータをもとに筆者作成。

図4.2　人口構成の変化（1996〜2015年）

化率は7.0％）から中国社会はすでに高齢社会に入った。中国経済がまだ発展し始めた段階にあり、豊かになる前に高齢化社会へ突入したことは大きな社会問題になっている。そのなかで、高齢者の養老問題と医療問題などがあげられる。この点については、2-3（p.55）で詳細に述べる。

また、人口構造と強く関連している都市化の進展については、図4.3で示すように、都市人口が1996年の3.7億人から2015年の7.7億人まで、2.1倍に増加した。一方、農村人口は都市に流れていくにつれて、人口が急減し、とくに2005年から人口流動がさらに加速している。それによって、地域発展と所得の格差が以前より拡大してきている。

1-3　所得水準の上昇

都市化の進展により、都市部と農村部の格差が拡大している。図4.4で示すように、2013年に都市部と農村部の1人当たり可処分所得において17,037元の格差があったが、2016年にその格差がさらに拡大し、21,253元になった。

また、所得水準の差異は沿海部と内陸部においても顕著であった。表4.2

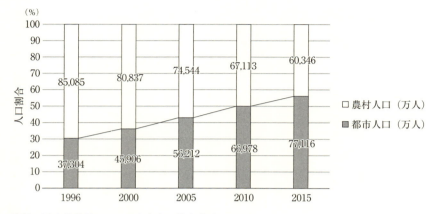

出所：国家統計局のデータをもとに筆者作成。

図4.3　都市化の進展

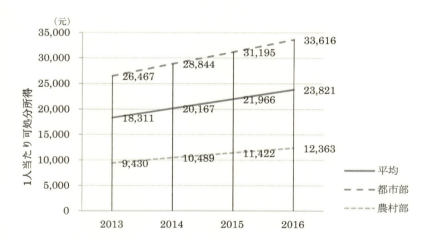

出所：国家統計局のデータをもとに筆者作成。

図4.4　都市部と農村部の1人当たり可処分所得（2013～2016年）

では沿海・大都市と内陸・その他都市を分けて、1人当たりGDPと可処分所得を考察した。1人当たりGDPと可処分所得について、いずれにおいて

第4章　中国のドラッグストアを取巻く外部環境　51

表4.2　沿海・大都市と内陸・その他都市の1人当たりGDPと可処分所得の比較

(単位：元)

	1人当たりGDP				1人当たり可処分所得			
	沿海・大都市(a)	内陸・その他都市(b)	全国平均	(a)/(b)	沿海・大都市(a)	内陸・その他都市(b)	全国平均	(a)/(b)
2000年	14,024	6,692	7,701	2.1	9,850	5,620	6,302	1.8
2005年	30,103	12,947	15,413	2.3	16,000	9,080	10,196	1.8
2010年	53,253	28,839	32,765	1.8	27,292	16,294	18,068	1.7
2015年	80,092	47,343	52,723	1.7	38,603	18,703	21,912	2.1

注1：沿海・大都市は上海、北京、天津、浙江、広東の5つの市/省である。内陸・その他都市は沿海・大都市以外の26省である。
注2：「1人当たり可処分所得」について、2000～10年は都市住民のみが含まれている。
出所：国家統計局統計年鑑各年度データをもとに筆者作成。

も沿海・大都市は内陸・その他都市の約2倍になった。ただ、時間とともに沿海・大都市と内陸・その他都市の1人当たりGDPの格差が縮小する一方、1人当たり可処分所得の格差が広がるようになった。

2．消費者層

　1990年代以降、消費価値観は変化しつつあり、とりわけ経済・社会・文化環境の変化に応じて、各消費者層は鮮明な特性を持っている。それについては、所得区分から見る「中間所得層」の特徴、年齢からみる「80後90後」と「高齢者層」の消費価値観をそれぞれ考察していこう。

2-1　中間所得層

　経済の成長と所得水準の上昇につれて、所得構造は変化している。とりわけ、中間所得層[3]が急速に拡大することによって、所得構造は従来のピラミッド型からオリーブ型[4]に変形してきた。2013年「通商白書－中国の所得階層の推移・予測」によれば、2015年の中間所得層は8.82億人であり、そ

52

れは2006年の6.71億人より31.4％増加し、さらに2020年までには9.77億人に拡大すると予測される。

　中間所得層の構成からみると、国家幹部・企業経営者、個人事業者、ホワイトカラー層および公務員が代表である。1980年代以降に国営企業の民営化の影響を受け、一部の企業経営者と個人事業者が民営化の波に乗って急速に成長してきた。一方、産業振興政策によって各業界で収入が高くなり、よい教育を受けたホワイトカラー層は増加し、中間所得層を構成している。

　野村総合研究所の「中国中間層」に対する調査結果[5]によると、中間所得層は「先端的消費」と「安さ納得消費」の二極化傾向があるとされている[6]。先端的消費はトレンド、個性にこだわりなどの側面が現れているのに対して、安さ納得消費は商品にこだわらず、できるだけ安価なものを購入するという消費価値観がある。

　また同調査では、中間所得層は年齢からみると、20～39歳が70％以上、40～55歳が約25％を占めている。つまり、中間所得層は相対的に若い世代を中心に構成されている。それは80後と90後にまたがっている。

2-2　「80後90後」

　「80後90後」はその名の通り、1980年以降と1990年以降に生まれた世代である。改革開放後に、80後90後はよりよい環境のなかで育てられてきた世代であるため、自己中心的な傾向があり、ライフスタイルと価値観が上の世代と比べて大きく変化した[7]。たとえば、独立心が強く、とくに大学教育によって得た知識が豊富で情報を獲得することが得意であるため、自己判断力が強い[8]。また彼らは理性的な考え方を持ち、新しいものを追求して、常に変化を求めるという特徴がある[9]。80後90後は中間所得層が持つ消費価値観の特質を共有し、とくに、2010年以降にはすでに20代、30代に入っている80後90後は、市場の成長をけん引する役割を持っている。

2-3　高齢者層

　2000年に、中国の高齢人口（65歳以上）は8,821万人で、高齢化率は7.0％

となった。中国社会は高齢化社会に入るとともに、高齢者の健康管理や医療に関する問題が起きた。とくに深刻なのは、人口が多い地方都市の医療施設が不足することによる「受診難」（病院で受診することが難しい）といった問題である。

この問題に対応するために、政府は軽度な病気については地域の診療所で受診し、医薬品を受取ることを推進した。つまり、将来的には地域を中心に住民へメディケーションを提供することが都市社会医療制度の基本である。これによって、「社区（コミュニティ）医療」と「セルフメディケーション」[10]が推進されると同時に、健康やパーソナルケアなどに対応する商業施設も増えてきている。たとえば、健康診断コーナーを店内に設置し、無償で相談に応じる薬店[11]が増えた。

高齢者の増加につれて高齢者層に対応する商品や健康相談サービスなどが増加している。また、老後生活に関連し、社区養老、自宅養老による高齢者層の需要が増えることに対して、薬店は医薬品以外にパーソナルケア、健康食品、トイレタリーなど取扱商品カテゴリーが広がる傾向が見られる。

一方、高齢化が進んでおり、高齢者層はますます拡大していく。多くの高齢者は、従来の「高蓄積、軽消費」の価値観から、生活の質を追求する新しい消費価値観へ根本的に変わってきた[12]。それに応じて、小売市場においても高齢者層を主要ターゲットとする小売企業が増えてきた。なかでも、健康・保健に関連する商品・サービスは最も重要視されている。2013年の「中国高齢消費者権利保護調査報告」[13]によれば、高齢者の3つの主な需要は、食品、日用品、医療である一方、衣料品、外食、旅行、保健、娯楽についての需要も高まっている[14]。とくに、医薬品を購買する際に、薬店と通っている病院薬房で購入する傾向がある。また、健康食品を購買する意識が強まってきており、リアル店舗で購入する動きが強いという。

3．消費者支出の変化

消費支出についてみると、2004年から2016年の13年間に都市住民一人当た

りの消費支出金額は3.2倍以上に増加した。その間、物価水準は上下し、2008年と2011年に2回のピークを迎えたが、物価調整政策により2012年以降物価が下落しつつあり、2016年は05・06年の物価水準に戻ってきた（図4.5）。

2013年に統計方法の変更があるので、ここでは2004年、13年と16年3年分のデータを取り上げた。2004年と2016年消費支出金額の内訳を比較すると、表4.3と図4.6で示すようになる。「食品・嗜好品」への支出割合は8.4％と大幅に減少し、「衣料」と「教育・文化・娯楽」への支出はそれぞれ2.0％と3.0％減少した。それから、「医療」についても0.3％とやや減少した。他方、「住居」への支出が急増し、この13年間およそ11.9％増加した。また「交通・通信」と「生活用品・サービス」はそれぞれ2.0％と0.5％増加した。

一方、2012年3月にマッキンゼー社が行った調査「2020年の中国の消費者と会おう」では、中国の消費者市場は大きな変化が予測されている。具体的には、2000年から2010年にかけて、「生活必需品（食料品）」と「半生活必需

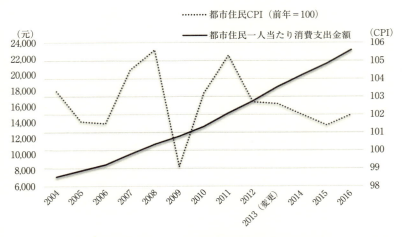

注1：CPI（Consumer Price Index）は消費者物価指数であり、一般消費財の価格変化を反映する指標である。CPIは一定の商品（糧食、油、肉類、卵、水産、野菜、果物、調味料など）を組合せて、求めた当期価格で割ることによって算出する。
注2：2013年から統計方法が変更したので、2013年からのデータは変更後のデータとなる。
出所：国家統計局統計年鑑のデータをもとに筆者作成。

図4.5　都市住民一人当たり消費支出状況（2004～2016年）

表4.3 項目別の金額と構成比

（変更後項目）	消費支出金額（元）			構成比			2004/2016 構成比増減
	2004年	2013年	2016年	2004年	2013年	2016年	
食品・嗜好品	2,710	5,571	6,762	37.7%	30.1%	29.3%	−8.4%
衣料	687	1,554	1,739	9.6%	8.4%	7.5%	−2.0%
住居	734	4,301	5,114	10.2%	23.3%	22.2%	11.9%
生活用品・サービス	407	1,129	1,427	5.7%	6.1%	6.2%	0.5%
医療	528	1,136	1,631	7.4%	6.1%	7.1%	−0.3%
交通・通信	844	2,318	3,174	11.7%	12.5%	13.8%	2.0%
教育・文化・娯楽	1,033	1,988	2,638	14.4%	10.8%	11.4%	−3.0%
その他・サービス	240	490	595	3.3%	2.7%	2.6%	−0.8%
合計	7,182	18,487	23,079	100.0%	100.0%	100.0%	0.0%

出所：国家統計局のデータをもとに筆者作成。

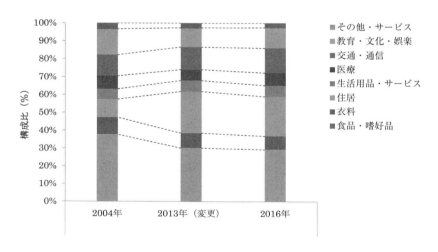

出所：国家統計局のデータをもとに筆者作成。

図4.6 項目別の構成比

品（衣服、医療保健、インテリア用品、住宅および公共事業）」への支出が
減少した一方、「非生活必需品（パーソナルケア・サービス、娯楽、文化、
教育、交通、通信）」への支出が増加したことを踏まえ、2020年には「非生
活必需品」への支出がさらに上昇すると予測した。

　以上から、消費者が生活必需品の購入から、生活品質改善のための消費へ
と価値観を変化させていることがうかがわれる。

4．小売市場の変化

　1992年の対外開放の実施を機に、海外の小売企業は本格的に中国の小売市
場に参入した。それにつれて、多様な小売業態が導入され、中国の小売市場
に現れた。しかし、所得水準低下や消費習慣の差異などのギャップが存在す
るため、導入された業態（新業態）は大きく変わっていた。

　たとえば、スーパーマーケットの登場は、もともと「低価格、低マージ
ン」原理を果たした結果であったが、中国の場合、最初に都市部の中・高収
入層をターゲットにして「高価格、高マージン」という狙いで導入されてお
り[15]、とくに、当時最も利用された青空市場（自由市場）に比べ、スーパー
マーケットの買物環境のよさがクローズアップされた。また、ドラッグスト
アは医薬品中心ではなく、最初にパーソナルケアストアとして飲料水やパー
ソナルケア商品の販売から始まり、現在化粧品やトイレタリーなどをメイン
にして経営を続けている。それらの新業態は先進国と異なるビジネスモデル
を採用し、独特な成長プロセスを実現した。その背後には、中国の消費社会
と強い関連性があると考えられている。そのため、以下において、中国小売
業態と流通チャネルとの側面から中国小売市場の変化を考察したい。

4-1　業種から業態へ

　中国小売市場は、伝統的な小売業と現代小売業という二重構造になってい
る[16]。伝統的な小売業は、建国以来形成してきた国営商店が代表である。経
営体制転換に応じて、多くの国営商店が個人事業商店や集団経営商店に変

第4章　中国のドラッグストアを取巻く外部環境　57

表4.4　業種別の小売店舗数（1992年）

分類	店舗数	割合	分類	店舗数	割合
全国統計	10,063,258	100.0%	その他専門商店	88,912	0.9%
（規模500人以上）	398	0.0%	糧油商店	80,555	0.8%
個人事業商店	8,511,408	84.6%	日用雑貨商店	70,841	0.7%
総合商店	515,139	5.1%	織物商店	40,167	0.4%
副食品商店	171,068	1.7%	医薬商店	31,715	0.3%
百貨商店	174,120	1.7%	本屋	28,342	0.3%
その他食品商店	120,583	1.2%	石炭商店	15,706	0.2%
電気機器具商店	95,939	1.0%	石油商店	19,023	0.2%
農業生産財商店	99,740	1.0%			

出所：「中国商業年鑑」（1993年）をもとに筆者修正。

わってきたため、中国の伝統的な小売市場は規模が小さく、業種店舗が多い
という特徴がある。

　表4.4で示すように、1992年には、個人事業商店は圧倒的な存在であり、
小売店舗数全体の84.6％を占めていた。それ以外の、総合商店は5.1％、百
貨商店は1.7％、副食品商店は1.7％、その他食品商店は1.2％となった。店
舗数の内訳からみると、1990年代初期に消費者が日用百貨と食品（糧油商店
を含めて食品商店は3.1％）への需要は高かった。また、業種店舗の種類が
限られており、消費が日常生活に必要最低限となる商品に集中していたこと
は明らかである。

　経営形態からみると、伝統的な小売市場は①百貨商店、②大規模商業集積
（食品市場、衣料品市場、雑貨市場など）、③小型スーパー、④個人専門店と
商店街、⑤青空市場の５つのタイプがあった[17]。1990年代に青空市場は食品
（生鮮食品）を主に販売しており、消費者に最も利用される場所となってい
た。それは消費習慣（鮮度の重視、多頻度・少量）や販売方式（個別ニーズ
の対応）と強く関連しているからである。さらに当時、冷蔵庫の保有率（1995
年66.2％）が低く、かつ交通手段の制約（1997年の都市でバイクと自家用車

表4.5　小売チェーン企業業態別店舗数（2014年）

業態	店舗数	割合
専門店	108,809	52.5%
スーパー、ハイパーマーケット	43,683	21.1%
ブレンド専門店	22,854	11.0%
コンビニエンスストア	16,832	8.1%
その他業態チェーン店	9,685	4.7%
百貨店	4,689	2.3%
ディスカウントストア	377	0.2%
メーカー系列店	309	0.1%
ウェアハウスストア	108	0.1%
ホームセンター	69	0.0%

注：専門店にはガソリンスタンドが含まれている。2014年のガソリンスタンド店舗数は
　34,985店であった。
出所：国家統計局のデータをもとに筆者作成。

　の保有率はそれぞれ11.6%、0.2%）であり、青空市場は長い間消費者に依存されていた[18]。1993年に主要100社百貨商店の売上高は社会小売総額の1.59%であったのに対して、青空市場の売上高は10%以上を占めていた[19]。

　一方、2000年代以降、外資参入に伴って、多様な小売業態が参入したことから、中国の小売市場に劇的な変化をもたらした。そのなかで、最も重要な変化として、チェーン店化があげられる。それにつれて、小売市場構造も業種店舗から業態を中心に展開するように大きく変わってきた。

　まず店舗数からみると、2014年に、売上高が一億元以上となる個人事業商店の店舗数は3,534,757店であり、1990年代より大幅に減少した。その一方、小売チェーン企業の展開につれて、チェーン店舗数は2005年の105,684店から2014年の207,415店までほぼ倍となった。表4.5は、2014年小売チェーン企業における各業態の店舗数を表している。そのなかで、専門店とスーパー・ハイパーマーケットの店舗数を合わせてチェーン店舗数の70%以上を占めて

いる。さらに、ブランド専売店やコンビニエンスストアなどの現代小売業も中国小売市場に広く展開している。

次に、売上高からみると、2014年に、個人事業商店の売上高は13,986億元となり、社会小売総額の5.1％を占めた。それに対して、小売チェーン企業の売上高は37,340億元となり、社会小売総額の13.7％を占めている。

以上を踏まえると、中国小売市場の市場構造は大きな変化を遂げていることが分かる。中国小売市場は伝統小売業と現代小売業が併存し、二重構造になっている。

4－2　流通チャネルの変化

インターネットの普及につれて、ネットショッピングを利用する人数が急速に増加している。中国のインターネット関連のサービス機関CNNIC（中国インターネット情報センター）が発表した中国国内のインターネット利用状況に関する報告書によると、2015年のインターネットの普及率は50.3％となり、利用者数は6.88億人となった。それは2002年と比較すると実に12倍へと拡大した[20]。2013年の前半、新たにネットショッピングを利用し始めた人は2,889万人を超え、すべてのネットショッピング利用者人数は2億7,100万人になった。今後も増加することが見込まれている。

また、年齢別からみるインターネット接続人口が大きく変わった。図4.7で示すように、2008年と比べ、2015年の年齢別インターネット接続人口割合の曲線は右側に移行した。最も多く利用する年代は10代から20代に変わって、さらに40代～60代の利用者が増加している。それは年齢の増加による一方で、インターネット事業の発展および技術革新によるネット決済の普及などの理由が考えられる。

さらに、中国ではインターネット利用（パソコン、携帯電話・スマートフォン）割合が8割で、利用場所は自宅（71.2％）と会社・学校（26.6％）であり、利用時間が2時間～7時間未満の消費者が6割を超える。またネットショッピングの利用状況からみると、年間購入額2,000元以上の消費者は4割以上となっている。週1回以上ネットショッピングをする消費者が4割

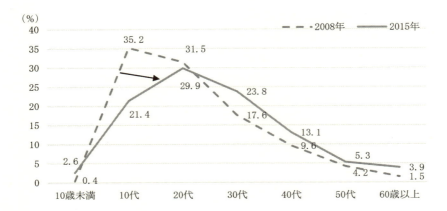

出所：2012年3月「中国化粧品市場調査報告書」と中国産業情報網ニュース（2016.11.9）をもとに筆者作成。

図4.7 中国年齢別インターネット接続人口割合（2008/2015）

表4.6 中間所得層の化粧品購入チャネル

店舗形態	割合（％）	店舗形態	割合（％）
化粧品専門店	22.6	通販（テレビ、カタログ）	3.9
パーソナルケアストア	14.4	その他	3.6
総合スーパー	10.6	伝統薬局	3.1
ネットショッピング（PC、スマホ）	10.2	コンビニエンスストア	1.9
スーパーマーケット	10.0	パパママショップ	0.4
ショッピングモール	9.7	合計	100
百貨店	9.6		

出所：野村総合研究所（2014）「中国中間層調査—商品ジャンル別の最も利用する購買チャネル」より筆者修正。

　以上、月2～3回が約3割であり、利用者は男女とも20代～40代に集中しているという。医薬・化粧品を購入する割合は42.2％となる[21]。

　一方、ネットショッピングによって、流通チャネルにも大きな影響をもた

らした。化粧品の販売チャネルをみると、以前のようにスーパーマーケット
や百貨店に代表されるシンプルな流通チャネルから、さらに薬店、薬粧店、
美容室、ネットショッピングに拡大しており、流通チャネルが多様化してい
る。前掲の野村総合研究所「中国中間層調査」では、中間所得層の化粧品購
入チャネルについて、化粧品専門店は最も利用され、次いで、パーソナルケ
アストア、総合スーパー、ネットショッピング（PC、スマホ）とスーパー
マーケットがあげられた（表4.6）。

注

1 ）社会消費財小売総額は卸売業、小売業、外食産業など直接的に消費とつながる社会全
　体の小売商品販売総額である。
2 ）国家統計局、年度統計による。
3 ）中国では、「中産階級」「中間層」「中等収入者層」「中間所得層」などの表現が使われ
　ているが、本書では所得水準、所得区分に注目して、統一的に「中間所得層」と表記す
　る。また所得水準によって、富裕層（35千ドル超）、中間所得層（5千ドル〜35千ドル）、
　低所得層（5千ドル以下）に分けられている。
4 ）オリーブ型、いわゆるオリーブ型社会では、社会階層構造に貧困層と富裕層の人数が
　少なく、真ん中にある中間所得層が多く存在している。
5 ）野村総合研究所「中国中間層調査」（2014年）（N＝8,481、世帯年収4万元〜21万元）。
6 ）中間所得層の消費価値観に関する回答を因子分析によって「先端的消費」（26.3％）
　「安さ納得消費」（25.3％）「情報探索消費」（18.0％）「プレミアム消費」（15.6％）「保
　守的消費」（14.8％）の5つのタイプに分けられる。
7 ）2010年に、アジア開発銀行が公表した「アジアと太平洋地域2010年重要指標」による
　と、中間階級とは一日一人当たりの支出金額が2〜20ドルとなる人たちである。2010年
　の中国中間階級人数は8.17億人であり、中国の人口の60.9％を占めている。
8 ）2013.5.9 人民網ニュース。人民網強国社区調査コラム『態度』第三期「青年の価値
　観調査」による。
9 ）蒋明軍（2015.1.14）「80後90後の大学生価値観変化の原因および教育対策研究」によ
　ると、消費支出面では、「80後」と「90後」の差異は見られなかった。「80後」86.3％、

62

「90後」90.1％の学生は収入によって消費支出を決めている。さらに、「80後」「90後」とも97％の学生は買物をするとき、商品価格を十分に考えると答えた。

10）駒木（2011）によると、セルフメディケーションとは自分自身の健康に責任を持つとともに、軽度な身体の不調は自分で手当てすることだと述べた。

11）薬店は医薬品・医療機器を中心に取扱う専門店である。

12）金光洙（2016）pp.193～194。

13）2013年7月から報告時点までに、中国消費者協会は全国15大中級都市に対する調査を行った。調査対象は55歳～74歳の高齢者層（有効サンプルは1928枚）と21歳～54歳かつ家族の中に55歳以上の高齢者がいる若い消費者層（有効サンプルは1073枚）の2つのグループであった。

14）中国業界研究網ニュース（2013.10.12）「2013年中国高齢消費者権利保護調査」。

15）柯麗華（2005）「小売業態の発展に関する比較研究：中国におけるスーパーマーケット及びコンビニエンス・ストア業態を中心として」。

16）渡辺（2015）『中国・東南アジアにおける流通・マーケティング革新—内なるグローバリゼーションのもとでの市場と競争—』。

17）張声書、佐伯弘治（1998）『中国現代物流研究』、pp.360～366。

18）柯麗華（2007）「小売業態の発展に関する比較研究—スーパーマーケット業態を中心に—」。

19）張声書、佐伯弘治（1998）『中国現代物流研究』、pp.360～366。

20）中国産業情報網ニュース（2016.11.9）「2016年中国化粧品業界の現状、将来の発展傾向および業界の発展見通し」。

21）2012年3月「中国化粧品市場調査報告書」による。

第 5 章
政策・制度によるドラッグストアの変化

中国の医療保険制度は、1949年の建国を機に「無料医療保険」[1] として創設され、徐々に進化してきた。しかしその後、制度の欠陥に起因する「以薬養医」（医療機関/医師が医薬品を推奨することを通じて利益を得る）や「薬価高騰」などと称されるさまざまな問題が現れた一方で、「受診難・高額受診」（病院で受診することが難しく、診療費が高いこと）、「医療格差」などの社会問題が発生している。それらの問題に対応するため、政府は積極的に医療保険改革を推し進めると同時に、最も関連性が高い医薬品流通分野において、さまざまな試行的な政策を実施している。

本章では、現行の医療保険制度を概観したうえで、医薬品流通に関連する政策および流通システムを整理する。それを踏まえて、医薬品小売市場の主体である医療機関・薬店の競争関係が、政策の実施につれて、いかに変化してきたかについて検討する。最後に、情報化の進展に伴って、医薬品小売市場に新たなビジネスモデルとして導入された医薬品電子商取引に注目し、関連する政策および市場状況について明らかにする。

1. 中国の医療保険制度

1-1 医療保険の仕組み

中国の社会保障制度は、養老保険、医療保険、労災保険、出産保険および失業保険の5つの部分に分けられ、都市部と農村部を全般的にカバーしている。そのなかで医療保険は、労災・出産以外の疾病にかかる医療に対して補助する保険制度である[2]。さらに、保険の対象者によって、医療保険は都市労働者基本医療保険（1998年設立、以下では労働者保険）、都市住民基本医療保険（2007年設立、以下では住民保険）、農村住民合作医療制度（1993年設立、2003年に「新型農村合作制度」を開始、以下では農村保険）の3つの制度に分けられる（表5.1）。労働者保険と住民保険はそれぞれ企業の従業員・就労者、都市戸籍の非就労者に対する保険であり、都市部住民の基本医

療需要を満足させることを目的としている。一方、農村保険は幅広い農村地域に対する基本医療保険として、多くの農民に医療保障を提供することを目的としている。

　加入形態をみると、労働者保険は強制加入させられる保険であり、それ以外の住民保険と農村保険は任意加入となっている。さらに、労働者に対する高額医療費補充保険への加入が企業側に義務づけられている。

　さらに、労働者保険の仕組みは図5.1のように示すことができる。保険料は被雇用者側と雇用主側の両方が負担する。負担比率は地域によって異なる

表5.1　医療保険制度

保険種類	都市労働者基本医療保険（労働者保険）	都市住民基本医療保険（住民保険）	農村住民合作医療制度（農村保険）
現行政策	1998年、国務院の「都市労働者基本医療保険制度の整備に関する決定」	2007年、国務院の「都市住民基本医療保険の試行についての指導意見」	2003年「農村衛生工作の増強に関する中共中央および国務院の決定」
適応対象	従業員、就労者	都市戸籍非就労者	農村住民、農民
加入形態	強制	任意	任意
保険料納付	原則として被雇用者が賃金の2％、雇用主側が6％を負担。被雇用者の保険料全額と雇用主側の拠出金の30％を被雇用者の個人口座に、残りを医療保険基金へ積み立てる。	加入者負担と財政補助、一般的に18歳以下、18歳～60歳、60歳以上と、年齢によって納入金額と財政補助額が違ってくる。	加入者個人負担：20元以上／世帯・年財政補助：地方財政と中央財政から120元／人・年
保障範囲	外来治療費は個人口座から支出、入院、重病治療費は医療保険基金から支出	主に重病治療費の補償、外来治療費も一部補償	主に重病治療費の補償、外来治療費も一部補償
給付方法	被保険者が一部負担	被保険者が一部負担	被保険者が一部負担（先に立て替え払いがある）

出所：袁麗暉「中国の医療保険制度における医療格差問題」『山口経済学雑誌』第59巻第1・2号p.89をもとに筆者修正。

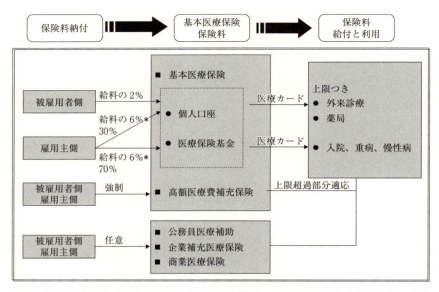

出所：国務院（1998）「都市労働者基本医療保険制度の整備に関する決定」をもとに筆者作成。

図5.1　労働者保険の仕組み

ことがある。一般的に、被雇用者側は月給の2％、雇用主側は月給の6％を基本医療保険に納付する。さらに、納付する保険料は、使途別に個人口座と医療保険基金に分けられる。個人口座には被雇用者側保険料の全額と雇用主側拠出金の30％が積み立てられ、被雇用者が外来診療を受ける際に個人口座から診療費が差し引かれる。また、医療保険指定薬店（以下、指定薬店）において、後述する「医療保険カード」を用いて個人口座から医薬品を購入することが可能である。

　一方、医療保険基金は雇用主側の残りの拠出金によって積み立てられ、被雇用者が入院する際、また重病や慢性病にかかった際に利用できる。ただし、保険の利用は上限があり、上限を超える部分は基本医療保険の適用外となる。そのため、高額医療費補充保険が基本医療保険を補助し、上限超過の部分を給付することになっている。

1-2　制度の欠陥と問題

　中国の医療保険制度は、1950年代に施行されて以来、徐々に進化してきた。この60年間に社会・経済環境は大きく変化した。とくに、市場経済への移行にあたって、既存の医療保険制度では適応できない部分が現れてきて、さまざまな問題を引き起こした。そのなかでも、次の3つの問題が重要である。

　第1に、「以薬養医」という状況が一般化していることがあげられる。1989年に、衛生部、財政部、物価局は医療機関が自主管理、自主経営、自主財務支配を実施し、医療衛生人員および医療機関が有料サービスを提供することを認めた。その後、国務院は衛生部が公表した「医療衛生サービスの拡大に関連する諸問題の意見について」をさらに強化する方向を打ち出した。すなわち、医療機関は特別診療室を設置して、ハイレベルの看護人員を配置し、高品質のサービスを提供することによって、高収入を実現すると同時に、社会にサービスを開放するべきという方針を伝えた。つまり病院が利益を得ることについて、政府が制度面で支持したわけである。

　一般に医療機関の収入源は地方財政支援、医療サービス収入および薬価差益の3つの部分から構成されている。医療機関のうち、全国医療機関の収入源内訳をみてみると、国家財政支援は収入の1/4を占めるに過ぎず、それ以外の3/4は病院独自の収入源によるものとなっている。しかし、医療サービス収入の各費目の価格は、物価局によって規定されており、とくに医療サービスのうち看護費用、手術費用、診療費の収入は非常に少ない。そのため、医療機関は薬価差益で収入を確保せざるをえないことになり、「以薬養医」問題が発生することになった。

　第2に、「受診難・高額受診」の問題があげられる。この問題の背後の原因をそれぞれ考えてみる。まず、医療の全国的な資源配分のバランスが崩れたことが「受診難」に直接つながった。中国の急激な都市化によって、病院や医薬品などの医療資源が大都市に集中する一方、地方都市および農村地域は医療人員、医薬品が不足する状況になった。こうしたなかで、患者は身近な地方病院には医療水準の心配があることから、遠い都市の病院に行くこと

を優先する。これによって、大都市の病院には地方から集まってくる患者が大行列し、受診まで長時間待たされるという「受診難」が発生した。また近年、受診の受付番号転売を行う「病院ダフ屋」が現れ、グループ化する傾向にあることが指摘できる。そういった人たちが受診番号を入手し、高価で転売等することが「受診難」問題をより一層深刻化させた。

他方で「高額受診」については、医療費高騰、個人負担増と過剰診療（検査漬け、薬剤漬け）といった原因が考えられる[3]。医療技術の進歩や慢性病患者の増加による医薬品需要の増加、高齢化社会への突入などの社会的な変化や保険料給付比率の低下などによって、医療費が高騰しつつある[4]。検査漬けや薬剤漬けの問題は、先に述べた「以薬養医」という病院収入体系に起因しているため、「高額受診」は患者自身では回避し難い問題といえる。

第3に、労働者保険への「タダ乗り」問題があげられる。労働者保険に加入している人は、カルテ番号を登録することで、医薬品を「医療保険カード」（以下では医療カード）で購入することが可能である。これによって、軽度な病気を重度な病気と偽ったり、体調不良ではなくても医薬品を購入することや、1人の医療カードを利用して家族全員分や友人のための医薬品を購入するなどといった行為が横行するようになっている。1978年に全国の労働者医療費支出（財政支出のなかで労働者保険医療費用支出）は27億元であったが、1997年には774億元と、およそ28倍増加した。しかし、同期の財政収入は6.6倍にとどまっていた。つまり、医療保険支出の上昇は財政収入増加を大幅に上回ることになっていた。また、都市基本医療保険支出と財政医療衛生支出の推移（2007年～2013年）をみると、財政医療衛生支出は4.2倍増加したのに対して、都市基本医療保険支出は4.4倍増加した。このことから、タダ乗り現象は一定程度改善できたが、いまだ医療保険制度の重要問題として残っている。

1-3　医療保険の加入率

医療保険の加入率は2009年の92.5%（12.3億人）から上昇し続け、2014年の加入率は97.5%（13.3億人）に達した[5]。そのうち、労働者保険と住民保

第5章　政策・制度によるドラッグストアの変化　69

険への加入者が増加した一方、農村保険への加入者が減少してきた。それは、就労者数の増加および都市への人口流動による戸籍変更に影響されたと考えられる。また、2014年の医療保険加入者数の割合を見てみると、労働者保険、住民保険および農村保険の加入率はそれぞれ21％、23％、54％となっていた。

　加入者数の増加につれ、医療保険の規模が拡大してきた。2001年に医療保険基金収入は384億元であったが、2014年には9,687億元と25倍になった。それに対して、医療保険基金支出は2001年の244億元から2014年の8,134億元と33倍になった。

　さらに、医療保険支出の内訳をみてみると、2013年、労働者保険のなかで、救急診療および外来診療への支出金額は2,665.5億元となり、支出全体の33.7％を占めた。一方、入院への支出金額は5,244.6億元となり、支出全体の66.3％を占めた。また、中国医療保険研究会（2010～2014年）「全国基本医療保険加入者医療サービス利用調査」[6]によると、2013年の医薬品費用が入院支出金額の最も大きな割合を占め、44.3％となっていた。近年、医療保険支出金額の増大につれて、医薬品費用はさらに上昇するものと予測される。

　次に、医薬品流通について詳しくみてみることにする。

2．医薬品流通政策と流通システム

2-1　医薬分業

　医療衛生体制改革（以下、医療改革）の核心部分の1つとして、医薬分業があげられる。ここでいう医薬分業は、日本等で行われている方式と基本的に同様である。医師が患者に処方箋を発行し、薬局の薬剤師がその処方箋に基づいて調剤を行うというものであり、医師と薬剤師のそれぞれが専門分野で業務を分担し国民医療の質的向上を図ることを目的としている[7]。なお中国でも、医薬品は大きく処方箋薬とOTCに分類されるが、以下ではとくに断りがない限り、処方箋薬を対象とする。

　中国においては、従来、医薬分業が行われておらず、患者は病院で受診し

た後に医薬品が必要となる場合、病院薬房から医薬品を買うという方式が一般的であった。この方式のもとで病院が薬房を直営する（1つの組織で運営する）と、前述した「以薬養医」になりやすいことから、2000年から医薬分業が試行錯誤的に推進されてきた。

まず2002年に、国家発展改革委員会が「医薬分業」を医療改革の中心として実行し始めたが、関連政策の不備や主要責任者の人事異動などにより、結局中断されることになった。その後2006年に、医療改革法案に関する調査研究が行われた。その過程で、医薬分業が再び提示され、とくに「医薬分業の核心は何か」について各部門の間で大きな議論が巻き起こった。そのため2009年3月、国務院が「医療衛生体制改革の深化に関する意見」を公表し、医薬分業の実行を強調した。

実際には、2012年9月、北京の友誼病院と朝陽病院という2つの公立病院から医薬分業が試行された。さらに12月には、北京同仁病院、天壇病院、積水潭病院の3つの公立病院が加えられた。実施内容は薬価差益の調整と医療サービス費用（外来診療費用）に焦点が合わせられている。具体的には、試行病院において医薬品の仕入れ価格と販売価格を一致させる、いわゆる「零差益」の推進が図られる。これによって、病院薬房の収益は大幅に減少したが、当時、試行病院は外部の薬店と比べ、医薬品価格がかなり低かったことから、多くの患者が試行病院を受診するという結果になった。他方、病院の薬価収益低下を補うために、医療サービス費用を徴収することとされた。

医薬分業の実行により、薬価差益は病院の収入源とならなくなった一方、病院は薬房を維持するため、人件費、医薬品の物流費用・保管費用などの負担を続けなければならない。そのため、病院による薬房の直営から委託経営への転換が進められた。病院薬房委託経営の内容については、次の節3（p.78）であらためて説明する。

2-2 関連政策

表5.2は、医薬品流通に関連する政策を時系列で整理したものである。1998年に医療体制改革が開始されてから18年間で、次々と新しい政策が打ち

出された。それらの政策は大きく医療制度、医薬品生産品質、医薬品流通、薬価基準という4つの領域に分けることができる。以上のうち、以下では医療制度と医薬品流通について詳しく考察する[8]。

表5.2　医薬品流通に関連する政策

公表時期	公表部門	政策	核心内容
1997年1月	中共中央国務院	「衛生改革と発展に関する決定」	市場化を維持しながら、衛生管理体制を改革する。とくに、公的団体、社会団体が衛生事業を従事することを促進し、医薬品価格上限管理を強化する。同時に、国家医薬品監督局を成立させる。
1998年	国務院	「三項改革」	医療保険制度改革、医療衛生体制改革、医薬品生産流通体制改革。
2000年2月	国務院体制改革部門等八部門委員会	「都市医薬衛生体制改革に関する指導意見」	医薬に関しては、決算分離、管理分離、統一納付、合理返還を実施するべきである。
2009年	国務院と中国共産党中央委員会	「医療衛生改革を推進することに関する意見」	3つの基本保険をそれぞれ確立し、引き続き三者の問題を解決する目標を明記した。
2009年1月	国務院	「国務院常務会議審議併通過医薬衛生体制改革意見」	公的医療保険制度の整備、薬価の見直し、農村の医療機関の整備、衛生サービスの均質化、公立病院の改革などを通じて医療アクセルの改善を図ることを決定した。
2009年3月	中共中央国務院	「中共中央国務院医療衛生体制改革の深化に関する意見」	公的医療の公益性を保つ、疾病予防を中心に、農村を重点に、中医と西洋医学を重視する方針を打ち出した。さらに、医薬分業、営利性と非営利性を分離することを強調した。
2011年1月	国家食品医薬品監督管理局	「医薬品生産品質管理規範2010年版」	規範の一部はWHOなど国際組織、国家、GMPを参照し設定した。規範によって、製薬企業が国際体系を統一し、中国医薬品の国際化を加速させた。

2011年5月	商務部	「全国医薬品流通業界発展計画綱要（2011-15）」	業界発展の第12　5ヶ年計画の目標を明確にするうえで、四つの領域で八大任務を打ち出す。いわゆる、業界集中度を高める、医薬品現代物流と経営方式を推進し、外部提携を強化する、良好な流通秩序を構築する、医薬品業界のインフラ整備を向上させる。
2012年9月	国家発展改革委員会	「県級公立病院医薬品価格改革の推進に関する通知」	メカニズムの構築、コストコントロール、監督強化などの原則に従って、薬価差益の取消と医療サービス価格の調整を通じて、医薬費用納付方式を改革し、病院役割を強化する。
2012年9月	商務部	「「商業特許経営管理規範小売業」など48条国内貿易業界基準に関する公告」	「医薬品卸売企業物流サービス能力評価指標」「小売薬店経営サービス規範」「医薬品流通企業信用経営準則」「医薬品流通業界マネージャー標準」「医薬品流通企業通用人員配属規範」など5つの業界標準を認可する。
2012年12月	国家食品医薬品監督管理局、国家発展改革委員会、工業と情報化部、衛生部	「新版医薬品生産品質管理規範の加速および医薬品産業グレードアップの促進に関する問題の通知」	製薬企業は2015年末に、医薬品GMPを全面的に実施する。具体的には、以下のような目的を明確にした。生産企業の上位集中度を高める、サプライチェーンを統合する、医薬品委託製造企業資格を監督する、医薬品企業のGMPプログラムを支援する。
2013年2月	衛生部	「医薬品経営品質管理規範」	サプライチェーン管理、コールドチェーン管理など医薬品流通管理の情報技術応用および品質管理について規定する。

2013年3月	衛生部	「2012年版 国家基本医薬品カタログ」	医薬品品目の拡大（09年版の307品目から500品目に拡大、そのうち中医薬と化学医薬それぞれ100品目が増加した）、カタログに登録された医薬品は二級、三級病院での比率が規定される。さらに、医療保険（新農村保険）の納付水準に合わせて、基本医薬品の給付比率を規定する。
2013年7月	国務院	「医薬衛生体制改革を深めるため2013年主要工作計画」	第12 ５ヶ年計画を推進し、基本公共衛生サービスの均等化、医療衛生資源の配置、医療衛生情報化、医薬品生産流通および医療衛生監督管理体制についての改革を推進する。
2013年11月	第18回中国共産党委員会第三次会議	「中共中央全面的に改革深化若干重大問題に関する決定」	医薬品衛生体制改革を深める。医療保障、医療サービス、公共衛生、医薬品供給、監督管理などを推進する。基層医療衛生機関改革を深め、公立病院改革を推進する。
2014年9月	商務部、国家発展改革委員会、衛生部など6部門	「2014年度医療改革重点任務の実施および医薬品流通サービス水準・効率の向上に関する通知」	医薬品流通業界公平競争を促し、全国範囲で統一市場を構築する。多方式で医薬分業を推進する。薬店および医薬品チェーンストアの発展を推進する。基層地域、遠隔地域への医薬品供給能力を強化する。
2015年	国務院	「中央指定 地方実施行政審査62項目を取り消す決定」	医療保険の指定薬店と指定医療機関の資格審査が取り消す。

出所：「医薬品流通業界研究報告」（2014.10）p.13、央視網ニュース（2015.5.21）「変革の道—中国医療改革30年見直し」をもとに筆者整理。

2-3　医薬品流通システム

　中国の医薬品流通は、計画経済時代に形成されたものをベースに発展してきたこともあって、流通チャネルの段階が長いという特徴がある。図5.2で示すように、医療用の医薬品は製造業者から計画的に卸売企業（一次卸売、

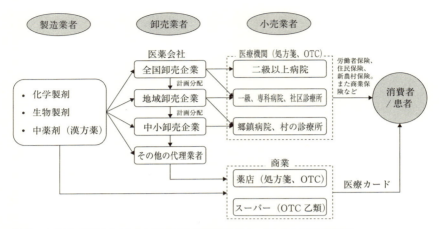

出所：李文明（2013.6.7）「中国医薬産業投資地図」p.3をもとに筆者修正。

図5.2　医薬品流通システム

二次卸売）に配分され、全国の医療機関（病院薬房）に流通していく。他方、一般用の医薬品は製造業者、卸売企業や代理業者によって、薬店やスーパーなどの商業施設に販売される。つまり、患者は病院あるいは薬店の2つのルートから医薬品を購入することができる。

　医薬品は製造方法によって、化学製剤、生物製剤および中薬剤に大きく分けることができる。これらのうち、化学製剤と生物製剤は通常西洋薬（通称：西薬）と呼ばれる。中薬剤には中薬材製薬（通称：中成薬）と中薬薬材（通称：中薬材）がある。前者は中薬材を原料にして加工することにより「丸」や「丹」などの内服薬として製薬されたものである。後者は薬草原料を乾燥加工したもので、煎じて内服する薬である。

　中国医療保険研究会調査「2010～2013年全国基本医療保険加入者医療サービス利用調査」[9)]によれば、2013年の医薬品消費額とその構成比は、西洋薬1,807億元（81.8％）、中成薬345億元（15.6％）、中薬材56億元（2.5％）であった。また2009年から2013年にかけては、医薬品支出全体が増加したものの、中薬剤が医薬品に占める割合は19％前後と、ほぼ変わらなかった。

第5章 政策・制度によるドラッグストアの変化　75

　中薬材は消費財でもあり、生産財でもあるため、独特な流通システムを持っている。かつては、中国薬材総公司が国家医薬管理局の管轄のもとで中薬材の業務を担当していたが、1988年以降、国家中医薬管理局の管轄に入っている[10]。つまり、中薬材流通は従来、国家独占下にあったが、さまざまな経済部門（自営流通業者、非医薬品部門）が入れられたことで、市場の自由度が高まったといえる。たとえば、中薬材生産者は薬材企業への計画配分以外に卸売市場や他の流通経路への自由販売が可能になるとともに、川下にある製薬企業は中薬材卸売市場から自由に調達できるようになった。

3．医薬品小売市場における医療機関と薬店との競争

　医薬品流通政策の変革は、医薬品小売市場に大きく影響した。なかでも、医薬品小売市場における主体間の競争（医療機関と薬店）、医薬品購買方式による競争（医薬品指定薬店と一般薬店）、およびOTCをめぐる競争という3つの局面に注目すべきであろう。次に、それぞれについて検討する。
　第1に、医療機関と薬店との競争についてみると、先に述べた病院薬房委託経営によって、薬店の競争力が強まってきていることが注目される。他方、病院は医薬品販売から医療サービスの提供へと重心を移しつつある。
　病院薬房と薬店とでは取扱医薬品の項目が大きく異なっている。病院薬房で扱う医薬品は治療を目的とするものが主であることから、注射剤の比率が内服薬に比して高く、医療保険医薬品の比率が60％と高い一方、OTCが医薬品全体に占める比率（11.1％）は低い。それに対して、薬店の取扱医薬品はOTCと健康食品が中心で、病院薬房より幅広く、医療保険医薬品は37.4％にとどまっているところに特徴がある[11]。
　実際の患者の行動をみると、病院で治療を受けた後、直接、病院薬房で薬を購入することがほとんどである。たとえば、医者の手書きの処方箋を出す病院では、患者を外部の薬店に行かせたくないため、わざと判別しづらい文字で処方箋を書くことがしばしばあるという。そうした処方箋は、慣れている病院薬房の担当者しか読めないため、患者は処方箋を持って他の薬店に

行ったとしても、そこの薬剤師が処理できずに、病院薬房に戻ってくるわけである。

他方、薬店における取扱い処方箋薬の種類が少ないという問題がある。そのため、患者が持ってくる処方箋のすべてに対応できないことから、通っている病院において医薬品を購入することが推奨されることになる。こうして、病院薬房は処方箋、薬店はOTCをメインにするという役割分担が形成されてきた。

病院薬房は、大多数の処方箋薬を取扱っているため、処方箋薬の販売において寡占的な地位を形成してきた。そうしたなか、2000年初頭、政府は病院薬房委託経営を打ち出した。病院薬房委託経営とは病院が薬房の所有権を有し、その財産権、法人属性および人員配置権力を維持したままに薬房の経営と管理を委託することである。委託経営は所有権が変わらないため、患者に医薬品や医療サービスを提供する際に、依然として病院の名義で行うことができる。実際に、委託経営契約によって、医薬品流通企業は医薬品の仕入、配達、日常管理などの業務を遂行し、それに対して病院から委託費用（委託経営収入の60%）を得る仕組みになっている。

主要な薬房委託経営方式として、次の3つがあげられる。1つ目は病院入院部薬房と外来診療薬房の両方を外部に委託する方式である。2つ目は病院外来診療薬房のみを外部に委託する方式である。3つ目は医薬品流通企業が病院内で薬店を開く方式である[12]。

委託経営実施前後の医薬品流通チャネルの変化を整理すると、図5.3のようになる。病院薬房は病院に所属する病院末端から医薬品流通企業に経営権が移行し、流通業者の1つとして存在するようになった。それによって、医薬品流通チャネルの短縮化が実現される。しかし、病院薬房委託経営の実施は順調にいかなかった。2001年に、三九グループが広西省柳州市の7つの病院の薬房（薬剤課）を管理する試みに取り組んだが、病院側は相次いで薬房の経営を取り戻すことで委託経営を終えた。

さらに、2003年からは南京市において委託経営が始まり、3年後には市内の156の2級以下の病院に広がった。しかし2009年、医療機構の基本医薬品

(1) 実施以前　　　　　　　　　　　　　　　(2) 実施以降

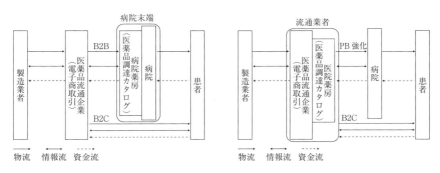

出所：「中国医薬品流通業界発展報告」(2015) pp.11〜12

図5.3　病院薬房委託経営実施前後の医薬品流通チャネル

に関して統一入札制度を採用するという政策の影響で、南京市の委託経営は打ち切られた。2011年「全国医薬品流通業発展計画綱要(2011〜2015)」のなかで、薬店チェーン企業が積極的に医療機関の薬房委託経営を担うべきとの方針が明確化された。

その後、2013年に上場医薬品企業の１つである康美薬業が、81公立病院と委託経営契約を結んだと公表し、委託経営は再び注目された[13]。2016年４月までに、全国29社医薬品上場企業が委託経営に着手している[14]。

実際、医薬品流通企業は病院と委託経営契約を結ぶことを通じて、病院の患者を医薬品の購入者として確保できる。同時に、多くの病院と契約すればするほど、医薬品流通企業にとって、医薬品販売能力が強まっていくため、製薬企業に対する交渉力もアップしていく。そのため、今後、病院薬房委託経営は新しい競争の焦点になると思われる。

第２に、医薬品指定薬店と一般薬店とにおける異なる医薬品販売方式間の競争についてみていこう。この点では、医療カードが利用できる薬店の増加に伴い、薬店の競争力が高まっていることが注目される。

医療カードとは、医療保険の個人口座を利用するための個人専用デビットカードである。医療カードのなかに、個人情報および利用状況などの詳細が

記載されている。医療カードに被雇用者と雇用主が納付する保険料が還元されており、被雇用者は指定医療機関（病院・診療所）で受診するとき、医療カードから支払うことができる。指定医療機関は規模により、一級病院（社区・地域病院）、二級病院（県・区級病院）、三級病院（地方・都市病院）がある[15]。医療保険の加入者は戸籍所在地において、４つの病院を選択し受診することができる。ただし、選んだ病院のうち、社区病院（一級病院に属する）を１つ選ぶことが強制される。選んだ病院は医療カードを通じて被雇用者の情報を把握でき、他方、被雇用者は銀行で医療カードの取引明細を確認することができる。

　医療保険指定薬店（以下では指定薬店）で医療保険医薬品（以下では医保医薬品）[16]を購入する場合、医療カードの利用が認められる。しかし実際には、医療カードを利用できる指定薬店の数は少ない。2013年時点で、指定薬店は16.8万店で、薬店全体（42.3万店）の39.7％に過ぎず[17]、北京地域だけでみると、薬店5,233店（2015年7月時点）[18]のうち、指定薬店は98店（1.9％）にとどまる[19]。

　薬店は医療カードを利用するために、地域の医療保険部門へ資格申請を提出する必要がある。審査条件については、店舗面積、薬剤師、医薬品品目、管理などが厳格に規定されている。すべての条件を満たしたうえで、医薬品関連政府部門による店内実地審査に通れば、指定薬店になれるわけである。しかし、指定薬店の店舗数は制限されている。たとえば、指定薬店の周辺地域（およそ100～300m）で他の指定薬店を認めないことで、行政的に競争を抑制している。さらに、指定薬店はこれまで長期にわたって病院薬房と激しい競争を行ってきていることから、経常利益が一般薬店より低く、指定薬店の店舗数増加や新規参入はしづらい状況にある[20]。

　2015年に国務院は、「中央指定　地方実施行政審査62項目を取り消す決定」を公表した。そのなかで、指定薬店と指定医療機関の資格審査を取り消す方針を明らかにした。図5.4に示すように、「決定」実施による変化として大きく３つ指摘できる。１つ目は、指定薬店を申請する段階に関連しており、以前のように厳格な申請条件をなくし、薬店は各自の経営戦略を踏まえて自

第5章 政策・制度によるドラッグストアの変化　79

出所：網易ニュース（2015.12.10）「2016年以後　医療指定薬店になるための三つのステップ」より筆者作成。

図5.4　医療保険指定薬店申請の流れ

由に指定薬店の申請を進めることができるようになった。2つ目は、薬店に対する資格審査の主体と権限に関連しており、審査主体を政府部門から加入者や専門家など社会団体に移行させる等によって、審査の透明化・公正化が促進された。3つ目は、薬店の立場が政府の監督・管理を一方的に受ける立場から、政府部門と対等な協定を結び、平等なプラットフォームに立つように変更された。

こうした措置の結果、行政介入は最小限に抑えられ、薬店経営の自主性が高められた。さらに、店舗数などの制限が緩和され、指定薬店の数は大幅に増加すると予想されている[21]。

薬店と指定薬店の最も大きな違いは、医療カードを利用できるかどうかで

ある。指定薬店に限り医療カードの利用が認められるため、薬店との競争から保護することになっている。たとえば、消費者はできる限り医療カードを利用したいため、指定薬店の医薬品価格が高くても買いに来るわけである。指定薬店資格審査の緩和により、今後、薬店は指定薬店になる可能性が広がり、消費者に多くの選択肢を提供できる一方、医薬品小売市場の活性化を促進させるものと考えられる。

　第3に、OTC医薬品をめぐる競争についてみると、OTC医薬品の規制緩和、および医薬品のネット販売に関する法律の改正により、OTC医薬品の販売が拡大していくと予想される。

　ここまで処方箋薬を中心にみてきたが、冒頭で述べたように、中国でも医薬品は大きく処方箋薬とOTCの2種類に分けられる。そのうち、OTCは甲類と乙類に分類され、甲類OTCは「医薬品経営許可」を有し、薬剤師が駐在する薬店において販売することが認められる。他方、乙類OTCはスーパーやデパートなどの商業施設で販売することが可能である。乙類OTCとしては目薬やビタミン剤などが代表例としてあげられる。2000年1月1日から実施し始めた「処方箋と非処方箋医薬品分類管理方法（試行）」により、OTC医薬品は管理部門の許可を得たうえで、マスメディアを利用して広告宣伝をすることが可能である。

　2015年7月に、「医療指定医薬品カタログ更新で大調整　OTCは段階的に医薬品カタログに載せられなくなる」というニュースが報じられた[22]。この報道のなかでは、現行556種類のOTC医薬品（化学薬剤200種類、中成薬356種類）が段階的に医療指定医薬品カタログに載せられなくなる方針が明らかにされた。また、最新の医療指定医薬品カタログのなかに、新しいOTC医薬品を増やさないことが決定された。つまり、従来医療カードで購入できたOTC医薬品が、これからは医療カードで買えなくなり、現金でしか買えなくなるわけである。これによって、OTC医薬品の売上は大きな打撃を受ける一方で、逆にOTC医薬品流通市場の自由化が進むといえる。とくに、スーパーなどの商業施設、またインターネット販売にとっては、いっそうの競争力向上が期待できる。

注

1）1951年に公布された「中華人民共和国労働保険条例」によって無料医療体制が整えられ、労働保険医療の加入者（企業の被雇用者と被扶養者）、公務員を対象として、加入者からの保険料の拠出を不要とし、すべて企業負担とされた。しかしその後、財政負担が重くなるとともに、1978年市場経済の導入を契機にして社会面や経済面の変化が生じ、新しい保険制度枠組みへの立て直しが迫られた。

2）ジェトロ（2012）『中国の社会保険の概要とその最新動向』。

3）三浦有史（2009）「中国の医療格差と医療制度改革—経済成長の持続性を問う—」『環太平洋ビジネス情報』RIM、Vol.9 No.33。

4）沈其霖（2005）「受診難、高額受診問題についての成因分析」中国漢方医薬報、第2390期。

5）2008年以前および2010年の住民保険年末参加人数のデータは空白となる。

6）調査は前年度の全国医療保険加入者に対する医療サービス利用状況についてのサンプル調査である。2010-13年4年間の入院サンプル数はそれぞれ24万人、38万人、40万人、136万人となる。

7）平成23年版『厚生労働白書』。

8）2000年以降、医薬品電子商取引に関する規制が緩和され、医薬品流通チャネルの短縮化が進展してきている。

9）『中国医薬品流通業界発展報告』（2005）による。

10）原田忠夫（1995）「中国における生産財流通—商品と機構」アジア経済研究所、p.104。ここで提示した国家医薬管理局は現在の国家食品医薬品監督管理総局である。

11）于徳志（2005.3）「病院外来受診薬房と小売薬店の医薬品価格・品目の比較」『中国衛生資源』第8巻第2期による。

12）中国製薬機械設備網ニュース（2013.8.22）「薬房委託経営方式多様　政策は企業参与を支持」。

13）鄭莉麗（中国病院協会調査研究部）（2014.6.21）「我国薬房委託モデルに関する追跡と分析」。

14）経済参考報ニュース（2016.4.29）「29社医薬品上場企業は薬房委託経営を着手」。

15）1989年に実施した「病院分級管理方法」により、病院の規模、技術水準、医療設備、管理システム、人員配置などの要素で全国の病院が三級十等に分けられる。一級・二級病院は甲、乙、丙で、三級病院は特、甲、乙、丙で区分する。

16）医保医薬品については、国家の統一医保医薬品リストに基づき、省別に医保医薬品を増やすことが認められる。

17）『中国医薬品流通業界発展報告』（2015）p.206。

18）北京薬学（2015.11.4）「薬店数が最も多い十省」。

19）易捷海通、北京社会保険サービス会社、指定薬店検索による（2016年2月時点）。

20）医薬品価格315網ニュース（2010.6.9）「北京六千薬店のなかで医療保険指定99店のみ」。

21）新卒網ニュース（2015.10.20）「医療指定薬店審査の取消により2016年以降指定薬店の数は倍増」。

22）第一財経日報ニュース（2015.7.21）。

第6章
中国におけるドラッグストアの展開

1．医薬品小売業界と薬店チェーン企業の発展段階

1－1　医薬品小売業界の拡大

　国家統計局によると、医薬品小売企業に関する主要データとして「医薬品および医療機器小売専門店」（医薬品と医療機器両方を取扱う小売店）項目がある。そのなかに、「医薬品小売業」というサブ項目が含まれ、さらに今まで整理してきた薬店については「医薬品小売業」のなかに含まれると考える。次に、「医薬品および医療機器小売専門店」と「医薬品小売業」をそれぞれみていく。

　医薬品および医療機器小売専門店については、2008年から2016年にかけて、法人企業数は2,411社から5,041社まで拡大し、売上高は1,465億元から7,102億元までおよそ4.8倍に拡大した（表6.1）。その一方、医薬品小売業の動向をみても、2008年から2016年にかけて、法人企業数、従業員数および売上高はそれぞれ204％、195％、486％という高い増加率を実現している（表6.2）。

　ここで医薬品小売業というサブ項目に着目し、そのうち薬店の商品構成をみていく。薬店は医薬品が主要商品として大きな割合を占めている。2014年に中国医薬商業協会が実施した「典型都市の薬店に関するサンプル調査」で

表6.1　医薬品および医療機器小売専門店の動向（2008～2016年）

項目／年度	2008	2009	2010	2011	2012	2013	2014	2015	2016	増加率 （2008／2016）
法人企業数 （社）	2,411	2,484	3,039	3,352	3,762	4,391	4,770	4,593	5,041	209％
従業員数 （万人）	28.3	28.9	33.3	34.5	37.6	43.0	46.7	49.8	55.0	194％
売上高 （億元）	1,465	1,745	2,512	2,848	3,864	4,726	5,592	6,036	7,102	485％

出所：国家統計局年度データをもとに筆者作成。

第6章　中国におけるドラッグストアの展開　85

表6.2　医薬品小売業の動向（2008〜2016年）

項目/年度	2008	2009	2010	2011	2012	2013	2014	2015	2016	増加率 （2008/2016）
法人企業数 （社）	2,139	2,186	2,634	2,881	3,165	3,573	3,827	3,980	4,365	204%
従業員数 （万人）	27.3	27.8	32.2	33.3	36	40.8	44.3	47.9	53.1	195%
売上高 （億元）	1,394	1,659	2,399	2,675	3,607	4,381	5,180	5,732	6,772	486%

注：統計データは、売上高が規模制限以上にある企業の集計である。
出所：国家統計局年度データをもとに筆者作成。

は、薬店の売上構成は、医薬品（化学薬品44.1％、中薬剤製薬24.8％、中薬剤煎薬9.5％）78.4％、非医薬品（食品・健康食品11.8％、医療機器6.8％、薬粧品1.5％、日用品1.0％、その他0.5％）21.6％となっていることが示されている。

　また商務部が公表したデータによると、医薬品小売業のうちでは、さらに「医薬品小売チェーン企業」アイテムが用いられた。ここでは、医薬品小売チェーン企業は主に薬店チェーン企業として捉え議論を進める。医薬品小売チェーン企業は2009年の2,149社（店舗数13.5万）から2012年には3,107社（店舗数15.3万）で1.5倍になった。2013年に、医薬品小売総額は2,607億元であり、2009年の1,487億元よりも1.8倍に増加した。高齢人口の増加や慢性病による医薬品の需要、また農村基層医薬品市場の構築などの要因で、医薬品小売市場をさらに拡大させると推察される[1]。

　店舗数からみると、独立型薬店と薬店チェーンの全体で、2006年から2014年にかけて店舗数が増加してきたが（表6.3）、独立型薬店の店舗数は減少する傾向が見られる。それは、2011年に商務部が公表した「全国医薬品流通業発展計画綱要（2011〜15年）」（以下、「綱要」）の影響を受けたと考えられている。「綱要」では、医薬品流通企業の集中度を高める方針を打ち出して、具体的に、次のように4つの目標が設定された。①売上高が1千億元を超え

表6.3 独立型薬店と薬店チェーンの店舗数とチェーン化率変化 (2006～2014年)

年度/項目	チェーン企業数（社）	チェーン店舗数（店）（A）	独立型店舗数（店）（B）	店舗数合計（店）（A）＋（B）	チェーン化率（%）
2006	1,826	121,579	198,076	319,655	38.0%
2010	2,310	137,073	261,996	399,069	34.4%
2011	2,607	146,703	277,085	423,788	34.6%
2014	4,266	171,431	263,489	434,920	39.4%

注：統計部門、統計基準と統計範囲が異なるため、ここでは表6.2、図6.1と示される
　　チェーン店舗数について差異がある。
出所：国家食品医薬品監督管理局より筆者整理。

る全国規模の医薬品経営グループ企業1～3社を形成する。②医薬品卸売企業上位100社の売上高を医薬品卸売総額の85％以上にする。③医薬品小売百強企業の売上高を医薬品小売総額の60％以上にする。④チェーン店舗数の比率を全店舗数の三分の二まで高める。

　さらに、2015年7月に実施した「医薬品経営品質管理規範」では、医薬品および医薬品の流通に対する要求がさらに厳格化しているため、独立型薬店が以下のような経営転換をさらに加速させた。それについては、「2015中国独立型薬店発展報告青書」では、独立型薬店は将来的に「特許加盟店」、「薬店＋中医診療所」と「健康総合コミュニティ」という3つの展開方向があると指摘されている。

　一方、薬店チェーンの成長は顕著であった。とくに、「綱要」が公表されてから、薬店チェーン企業は2011年の2,607社から2014年の4,266社に63.6％増加した。それにつれて、チェーン店舗数が急増し、チェーン化率は39.4％に高まった。ここでは、薬店チェーン企業に焦点を当て、薬店チェーン企業の発展段階について次に考察する。

1-2　薬店チェーン企業の展開

　薬店チェーン企業の展開は探索期、拡張期、経営効率強化期と経営多角化

という4つの段階に分けることができる。

　第1段階の探索期は2000年以前であり、独立型薬店が多いという特徴がある。1990年代後半から、広州製薬をはじめ、雲南一心堂や甘粛衆友集団、上海華氏大薬房などの薬店企業は相次いでチェーンオペレーションの試みが始まった（表6.4）。

　第2段階の拡張期は2001〜08年の8年間に、薬店チェーン企業が大きな成長を遂げた。図6.1は2005年から2014年までに、医薬品および医療機器小売専門店のなかで、チェーンストアで展開する企業の店舗数と売上高の推移である。そこでは、2005年から2008年までに、店舗数と売上高ともに増加し、増加率はほぼ一致していた。ここから、この時期に売上高の成長は店舗数の拡大に伴う結果であることが分かった。

　政策面からみると、2001年から、国家食品医薬品監督管理局はGSP[2]を実施し始め、すべての医薬品流通企業が2004年までにGSP認定を受けることが要求された。これによって、多くの零細薬店が市場から退出する一方で、チェーンストアによる展開が促進された。薬店チェーン企業は迅速に市場を確保するために、低価格戦略を採用し、店舗網の拡大に拍車をかけた。

　第3段階の経営効率強化期は2009〜14年である。その間に、店舗数と売上

表6.4　チェーンオペレーション展開の企業リスト

年	チェーンオペレーション展開の薬店企業
1996年	広州市薬材会社が傘下の96店舗を統合（現在の広州製薬）
1996年	威海市生生堂医薬連鎖を成立（現在の威海市医薬総公司）
1997年	海南三葉大薬房医薬品貿易有限公司、海南で2号店を開店
1997年	鴻翔中西大薬房を成立（現在の雲南一心堂）
1998年	春大薬房連鎖有限公司（現在の武漢春山区医薬会社）
1998年	甘粛衆友医薬有限公司（現在の甘粛衆友集団）
1998年	上海華氏大薬房のチェーンストア展開
1999年	大徳生医薬連鎖有限公司を成立（現在の国薬株式会社江蘇支社）

出所：贏商網2007年12月6日ニュース「最初の薬店チェーンは誰であろうか」。

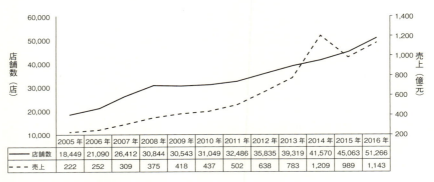

出所:国家統計局年度データより筆者作成。

図6.1　医薬品および医療機器小売専門店店舗数と売上高の推移（チェーン企業）

高の増加が続いていたが、それぞれの増加率が136％と289％となった。店舗数の増加が緩やかになった一方で、売上高の伸びが顕著であった（図6.1）。また、1店当たりの売上高と1人当たりの売上高からみると、5年間で2倍以上増加したことが確認できた（図6.2）。薬店企業は単純に店舗数を増やすことから、店舗の経営効率、いわゆる生産性の向上へ経営の重心を移し、フロントシステムよりもバックシステムに注力し始めた。たとえば、この時期に多くの薬店企業はサプライチェーンシステムの導入、物流や情報センターの設置などを行った。

　第4段階の経営多角化は2015年から現在に至る。この時期の特徴としては、薬店企業間の吸収合併と資本提携が多く行われてきた（表6.5）。また、薬店企業の商品戦略の多様化により、医薬品分野に限らず、健康食品や化粧品などの関連分野に拡大している。それによって、薬店企業は商品を販売するのみならず、サービスの提供による健康提案型のビジネスモデルが推進されている。

第6章　中国におけるドラッグストアの展開　89

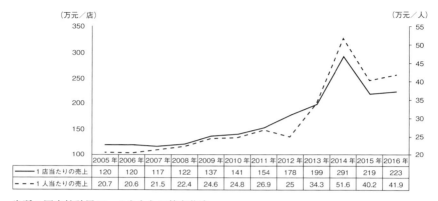

出所：国家統計局データをもとに筆者作成。

図6.2　医薬品および医療機器小売専門店の生産性の推移（チェーン企業）

表6.5　主要薬店企業買収リスト

年度	チェーンオペレーション展開の薬店企業
2014年12月	雲南一心堂は上海大薬房の全株と山西来福一心堂（株）の49％株を買収
2015年	雲南一心堂は（海南）広安堂、（山西）百姓平価大薬房合計457店を買収
	老百姓大薬房は119件の買収を行った
	益豊薬房は64件の買収を行った
	陝西衆信医薬品スーパーは陝西京兆薬房の70店を買収

出所：中証網ニュース（2015.9.7）「上場薬店チェーンは買収の戦争へ」をもとに筆者整理。

2．化粧品市場と薬粧店チェーン企業の発展段階

2-1　化粧品市場の拡大

　政府による化粧品に関するデータがなかったため、ここでは、中国産業情報が公表したデータを用いて化粧品市場をみていく。化粧品市場は2001年から持続的に成長してきており、2011年の化粧品売上総額が1,075億元を超え

た[3]。そのうち、薬粧化粧品売上高は325億元であり、化粧品全体の30.2%を占めている。しかし、先進国のアメリカやフランス、日本の場合、薬粧化粧品の割合は60%になっていることから、薬粧化粧品の割合はそこまで高いとは言えず、中国の薬粧化粧品市場はこれから大きく成長する余地があると考えられる[4]。

2-2　薬粧店チェーン企業の展開

　資本関係からみると、薬粧店チェーン企業は内資系と香港系・外資系に分けられる（表6.6）。内資系薬粧店チェーン企業は1990年代に発展し始め、外資系薬粧店チェーン企業と比べ、比較的早い時期から展開したが、地域を中心とする店舗展開という特徴がある。それは化粧品の流通システムに影響されるといえる。こういった薬粧店チェーン企業は化学工業企業による化粧品の系列販売店や、改革開放後に国営百貨商店で化粧品と日用雑貨などを販売する店舗が経営転換により変貌してきたため、伝統的な計画配給システムのもとでは、化粧品供給の流れや地域との絆によって、地域における店舗展開が多く行われている。その一方、全国範囲で展開する内資系薬粧店チェーン企業はドクター・プラントとジアレンが代表としてあげられる。ドクター・プラントの展開が2004年から、ジアレンの展開が2005年からであり、それは香港系・外資系薬粧店チェーン企業の参入とほぼ同時期であった。

　一方で、香港系のワトソンズは1989年に、北京ではじめてのパーソナルケアストアを開店したが、当時の消費者がこのようなパーソナルケア商品を中心とする店舗形態を受入れなかったので、2000年以前はワトソンズの展開はうまく行かなかった。2000年以降、外資参入に関する規制緩和を機に、ワトソンズを代表とする香港系・外資系薬粧店チェーン企業は中国での店舗展開をスタートした。それと同時に、中国の製薬企業や薬店企業も化粧品分野に参入しようとし、薬店における薬粧の販売コーナーを開設したり、薬粧店を開店したりしている。薬粧店の拡大に伴い、消費者が薬粧および薬粧店に対する認知度と需要を高めることによって、薬粧市場がさらに広がっている。こうした背景により、薬粧店チェーンは徐々に成長してきている。

第6章　中国におけるドラッグストアの展開　91

表6.6　主要薬粧店チェーン企業

薬粧店チェーン （英語通称、中国語通称）	1号店 開店年	資本関係	店舗数 （時期）	出店地域
ワトソンズ （Watsons、屈臣氏）	1989	香港	2,483 （2015.12.31）	全国
トウサンサイ （t 3 c、唐三彩）	2004	香港	325 （2016.10.24）	全国
マンニング （Mannings、万寧）	2004	香港	217 （2016.10.24）	全国
ササ （Sasa、莎莎）	2005	香港	53 （2016.10.24）	全国
セフォラ （Sephora、丝芙兰）	2005	フランス系	196 （2016.10.24）	全国
ドクター・プラント （Dr.plant、植物医生）	2004	内資系（北京）	3,015 （2017.5）	全国
ジアレン （Gialen、嬌蘭佳人）	2005	内資系（広東）	1,870 （2017.5）	全国
東大日化	1990	内資系（河北）	316 （2016.10.24）	地域
センカラー （1000colors、千色）	1993	内資系（広東）	150 （2016.10.24）	地域
イサ （Yesa、億莎）	1995	内資系（北京）	138 （2013.12.31）	地域

出所：各社のホームページをもとに筆者作成。

　発展段階からみると、薬粧店チェーンはいまだに拡大期であるといえる。それは薬粧店チェーン企業の店舗展開のスピードで説明できる。「2015年中国化粧品連鎖200強」[5]によれば、年間100店舗以上を新しく開店した薬粧店チェーン企業は 6 社あげられる。ワトソンズが395店（2015年 1 ～12月）、ジアレンは165店（2015年 2 月～16年 2 月）、ドクター・プラントは700店（2014年10月～15年12月）、悦詩風吟は100店以上（Innisfree、2014年 9 月～15年11月）、唐三彩は200店以上（2014年始～2015年末）、蜜思膚は約100店（Misifu、2015年 1 ～12月）となった。また、新店舗が50店近くの薬粧店チェーンは、

婷美小屋（Timier house、1年半で約100店）、康緹（Conttie、50店以上）、マンニング（およそ50店）、金甲虫（Goldone、46店）の4社がある。これら高成長の10社のなかで、注目したいのは、ドクター・プラント、悦詩風吟、蜜思膚と婷美小屋の4社である。ここでは、取扱商品のカテゴリーとブランドの状況からみると、4社とも単一メーカーの商品を販売するため、第3章3（p.41）で述べたメーカー直営/契約による系列店販売型の薬粧店にあてはまるが、ドクター・プラント、悦詩風吟と婷美小屋はB-Ⅱ象限で、蜜思膚はB-Ⅰ象限である。近年、薬粧店の競争が激化しつつある状況で、ワトソンズのようなB-Ⅳ象限薬粧店チェーン企業の成長が緩やかになる一方、B-ⅠとB-Ⅱ象限薬粧店チェーン企業の成長が顕著であった。

　以上を踏まえて、薬店チェーン企業の発展段階と薬粧店チェーン企業の展開状況についてそれぞれ確認した。しかし、中国のドラッグストアの現状にあたって、薬店と薬粧店のチェーン企業において、いずれの分野にしても圧倒的に市場を支配する企業が存在していないため、ここでは、代表企業を取り上げて詳しく事例分析を行う。それらの事例を通じて、薬店と薬粧店チェーン企業のビジネスモデルを解明する一方で、ドラッグストア全体の発展方向を把握することも目指している。そのため、次の節で代表企業の選定と適合性について分析したい。

3．事例研究についての説明

　これまで、医薬品小売市場と薬店チェーン企業および化粧品市場と薬粧店チェーン企業の展開を考察してきた。次にミクロの視点から、薬店チェーン企業と薬粧店チェーン企業に焦点を当て、事例研究を行う。具体的には、事例対象の選定は次のような考え方に基づいて行った。

　まず、薬店チェーン企業について、「2015～16年度薬店チェーンランキング上位企業」に基づいて、11社の店舗数状況をまとめた（表6.7）。上位10社は小売業者による商品の仕入販売であり、取扱商品の幅が広いため、第3章3（p.42）で提示した薬店の4つの象限にあてはめれば、A-Ⅳにあたる。

第 6 章　中国におけるドラッグストアの展開　93

表6.7　2015～16年度中国薬店チェーンランキング上位企業

ランキング	薬店チェーン企業	直営店舗（店）	加盟店舗（店）	店舗数合計（店）
1	国薬控股国大薬房有限公司	2,128	952	3,080
2	雲南鴻翔一心堂薬業（集団）株式有限公司	3,496	0	3,496
3	大参林医薬集団株式有限公司	1,921	0	1,921
4	老百姓大薬房連鎖株式有限公司	1,483	0	1,483
5	益豊大薬房連鎖株式有限公司	1,065	0	1,065
6	重慶桐君閣大薬房連鎖有限責任公司	1,394	7,574	8,968
7	深圳海王星辰連鎖薬店有限公司	1,998	0	1,998
8	上海華氏大薬房有限公司	393		393
9	甘粛衆友健康医薬株式有限公司	815	0	815
10	成大方園医薬連鎖投資有限公司	895	159	1,054
21	北京同仁堂商業投資集団有限公司	501	0	501

出所：医薬経済新聞（2016．8 ．19）「2015～16年度中国連鎖薬店総合実力直営力百強ランキング」による。

　そのなかで、1位である国大薬房は国有企業であるため、行政による国からの支配が企業に影響するため、ここでは、事例対象としては選択しないこととし、2位である雲南一心堂を取り上げる。また、6位である重慶桐君閣は10社のうち唯一の加盟店を中心に展開する薬店チェーン企業であるため、事例対象としてピックアップする。

　さらに、ランキング21位にある北京同仁堂は「同仁堂」ブランドをいかして、医薬品以外に、健康食品、化粧品などを幅広く扱っており、メーカー直営/契約による系列店販売（A-Ⅱ）にあてはまる最上位企業として、ここでは、取り上げた。

　次に、薬粧店チェーン企業について、薬店のような薬粧店チェーン企業ランキングや薬粧店チェーン企業の統計データがなかったため、表6.6で整理した主要薬粧店チェーン企業を事例対象の候補に絞ることにする。この10社のうち、ドクター・プラントはメーカーによる店舗展開を行う唯一の企業

94

表6.8　薬店と薬粧店に関する事例対象

	品揃え幅が広い	
	薬店	薬粧店
メーカー直営/契約による系列店販売	同仁堂（A-Ⅱ）	ドクター・ブラント（B-Ⅱ）
小売業者による商品の仕入販売	一心堂（A-Ⅳ） 桐君閣（A-Ⅳ）	ワトソンズ（B-Ⅳ） ジアレン（B-Ⅳ）

出所：筆者作成。

（B-Ⅱ）にあたり、事例対象として取り上げる。それ以外の薬粧店チェーン企業はB-Ⅳにあてはまるため、外資系企業のなかで店舗数が最も多い１社（ワトソンズ）と内資系企業のなかで店舗数が最も多い１社ジアレンをそれぞれ選択する。

　以上を踏まえて、第３章で示した新しい分析枠組みを再編集し、本書で取り上げる事例対象を表6.8に整理した。メーカー直営/契約による系列店販売について、ドラッグストア企業全体においては少数の存在であるため、ここでは薬店と薬粧店それぞれ１社を取り上げる。それに対して、大多数のドラッグストア企業は小売業者として仕入販売を行うため、ここでは、薬店と薬粧店それぞれ２社を取り上げる。それにしたがって、第７章では薬店について事例研究を進めたい。

注

１）商務部（2011.5.5）「全国医薬品流通業発展計画綱要（2011-2015年）」と中商情報網（2014.6.26）「2013年中国医薬品流通業発展概況分析」による筆者整理。

２）GSPはGood Supply Practiceの略語であり、GSPの認証を得ると、省・都市という地域制限を越え、支社とチェーンストアを経営することが可能となる。

３）2013年２月27日「2011年国内化粧品市場構造分析」中国産業情報。

第 6 章　中国におけるドラッグストアの展開　95

4 ）2013年 4 月 1 日「2013年中国薬粧市場への見通し」中国産業情報。

5 ）2016年 5 月29日紅商網ニュース。

第 7 章

事例研究——薬店

1. 北京同仁堂（A-Ⅱ）

1-1 同仁堂の発展経緯

　同仁堂は1669年に創業し、「工程が複雑であっても人件費を省くことをしない、薬の原料が貴重であっても物量を減らすことをしない」という理念を有している。同仁堂は1954年に個人事業商店から公私合営形式に変わり、その後、1957年に漢方薬精錬工場を設立し、漢方薬を生産し始めた。1997年に同仁堂は現代企業制度の試行を行い、同年、北京同仁堂株式会社が成立し、上海株式取引市場に上場した。さらに、2000年に北京同仁堂科技発展株式会社が成立し、同年10月に香港で上場した。それと同時に、香港で同仁堂和記（香港）薬業発展有限公司を設立した。2002年に、同仁堂は「ブランド輸出を重点的に実施」という方針を明確にした。2008年に、北京同仁堂中医病院が試験的に開院した。現在、同仁堂は中医医薬品製薬、販売および中医病院を含めるグループ企業になっている。

　同仁堂は中医医薬品製造を中心にする製薬企業であるため、2015年上半期に医薬品工業の営業収入は全営業収入の60.1％となった。それに対して、医薬品商業（小売業）の営業収入は全営業収入の39.9％を占めた。

1-2 同仁堂の経営戦略

　同仁堂の経営戦略の特徴については、健康サービス強化、中医医師人材育成、Ｂ２Ｃプラス大健康ビジネスモデル、および海外進出の４つがあげられる。

［1］ 健康サービス強化

　同仁堂は、健康サービスを地域ごとに推進している。2016年10月10日から、同仁堂寧夏銀川店は65歳以上の高齢者に対して、無料健康診断サービスを実施し始めた。同時に、店内において中医医師が常に駐在し、医師不足である銀川市民に医療サービスを提供している。また、北京地域では、同仁堂は石

景区政府と戦略的に提携して、共同で健康管理コミュニティと在宅養老サービスシステムを開発しようとしている。

［2］ 中医医師人材育成

同仁堂は「師承教育」という独特な人材育成を続けている。「師承教育」というのは、師匠から知識と技術を習得し、それをさらに後継者に伝えていく教育方法である。2007年に衛生部が公表した「伝統医学師承および専門家医師資格検定試験について」によれば、師匠のもとで、3年間中医学を学習したら、伝統医療修了が認められる。さらに1年の医療実践を経験し、医師助手資格を取ったあと、伝統医療領域において5年間仕事を続けて、さらに「医師資格」を取得してはじめて中医医師になる。同仁堂は中医学を拡大するために、「師承教育」を採用し、自ら中医医師人材を育成している。

［3］ B2Cプラス大健康ビジネスモデル

2016年9月、同仁堂国際[1]は重慶家楽淘と戦略提携を結び、大健康ビジネスモデルを推し進めている。具体的には、インターネットTVを中心に「TGOテレビ通販プラットフォーム」を立ち上げ、テレビ通販による購入意向がある顧客がインターネットで購入することができる。それによって、テレビ通販とインターネット販売を融合し、通販事業を拡大させている。他方で同仁堂は、越境電子用取引を手掛けている。2015年10月に、同仁堂は「天然淘」という越境ネットショッピングサイトを開いて、同仁堂の商品を直接海外に販売し、オンライン中医診療サービスを打ち出している。それを通じて、同仁堂のブランド力を高めるうえで、中医文化および「中国医薬品」の影響力を世界に拡大している。

［4］ 海外進出

同仁堂は1990年代から海外進出をはじめた。1993年に、同仁堂は香港において開店してから、2003年東南アジアを中心に、さらに2016年にはカナダ、アメリカ、南アフリカなどの地域に続々と開店を実現した。現在、同仁堂は

世界25ヵ国において115店舗を出店している。海外リアル店舗の出店および
オンライン中医診療サービスによって、同仁堂は中国以外においても、オン
ラインとオフラインサービスの融合を実現した。

1-3　同仁堂の化粧品事業

　2001年に同仁堂は同仁本草化粧品公司と同仁堂麦尔海化粧品公司を設立し、
化粧品事業に参入しはじめた。2005年に、北京同仁堂化粧品有限公司を設立
するとともに、同仁堂は「同仁本草」ブランドの22品目のスキンケア化粧品
を販売しはじめた。2009年、同仁堂は「同仁本草」8品目の新商品を開発す
ることにより、スキンケア商品のシリーズの市場導入を完成した。さらに、
同年度にマスクブランドの「伊粧」と、プレミアム・スキンケアブランドの
「麗顔坊」を販売することによって、化粧品市場においての細分化を行った。
消費者ニーズに応じて、同仁堂はプレミアム化粧品、ミドルエンド化粧品と
ローエンド化粧品の市場セグメンテーションを明確化した。2010年に「同仁
本草」シリーズはさらに拡大し、商品品目が43品目に増加した。同時に、
「麗顔坊」ブランドについては、スキンケア化粧品から、メイクアップ化粧
品に拡大した。このように、2011年に「同仁本草」シリーズはさらなる拡大
をし、化粧品以外にボディケア、ヘアケア商品まで商品品目を80品目に増や
した。そのほか、メンズケア商品「派朗」シリーズの13品目とベビーケア商
品「佳宝」の13品目、さらにフラワーティという健康食品も販売している[2]。

2．雲南一心堂（A-Ⅳ）

2-1　一心堂の発展経緯

　一心堂は1981年に薬材取引を中心に行う個人事業商店からスタートした。
1997年、雲南鴻翔漢方薬会社を設立し、1号店の「鴻翔中西大薬房」を開店
した。その後2000年に、雲南鴻翔薬業会社を設立するとともに、一心堂薬店
チェーンを雲南省に全般的に広げた。2004年には、隣接する四川省に店舗網

を拡大し、さらに、2006年には広西省に進出して、店舗数は400店に増加した。2009年に、一心堂の店舗数は1,000店を達成し、雲南鴻翔一心堂薬業（集団）株式有限公司（現在）に名称を変更し、5年後（2014年）、深圳証券取引所に上場した。現在、一心堂は中薬材栽培・加工、中医薬・西洋薬の研究開発・生産・卸売・小売、および医療事業に従事するグループ会社となっている。

　一心堂の核心事業として、医薬品小売事業があげられる。2014年に、医薬品小売金額は主経営業務収入の95.1％を占めており、そのうち、中医薬・西洋薬が69.0％（処方箋31.5％、非処方箋37.5％）、医療機器が6.5％、健康食品が10.9％、漢方薬が7.7％、メガネ販売が1.0％、ベビー粉ミルクが1.4％となった。

　一心堂の経営戦略の特徴は大きく5つに分かれている。それは、中小型多頻度買収戦略、地域集中店舗網構築、オムニチャネル戦略、情報戦略、多角化経営戦略である。

2-2　一心堂の経営戦略

［1］　中小型多頻度買収戦略

　一心堂は2014年に上場して以来、店舗を拡大するためにハイスピードで買収を実施してきた。しかしながら、一心堂は資金と管理のリスクがあるため、中小型薬店チェーンに焦点を当てて買収を行う動きが強い。たとえば、2016年9月に、一心堂の子会社である四川一心堂は5,447万元で四川綿陽老百姓大薬房、綿陽三台県潼川鎮老百姓大薬房、綿陽三台県潼川益豊大薬房、綿陽三台県北壩鎮老百姓徳源堂加盟店の四社を買収した。これによって、四川綿陽において29店舗増を実現した。

［2］　地域集中店舗網構築

　一心堂の店舗網構築については、2つの特徴がある。第1は「少数地域-高密度」原則に従って店舗網を築くことである。つまり、できる限り店舗網を拡大して全国市場を確保するのではなく、ある地域を中心に資源を投入し、

地域での競争力を高める。一心堂は雲南省から始まり、周辺地域に徐々に広がり、さらに全国に展開していく。2014年と比較して、2016年（6月30日時点）に一心堂の店舗数は1,195店増加した（表7.1）。新しく増加した店舗のなかで、すでに出店している地域でさらに店舗数拡大を進めた（たとえば、雲南省605店増、山西省171店増）。また、西南エリアにある重慶と華南エリアにある海南にも店舗を展開し始めた。

第2の特徴は「三級四級都市・郷・鎮」[3] を中心に店舗網を展開していることである。都市化に伴って、農村人口は三級四級都市や県、郷・鎮に集まってくる傾向がある。それに応じて、一心堂はそれらの地域に注力して店舗網を構築しようとする。2014年に展開した2,623店のなかで、一級都市は48店、二級都市は602店、三級四級都市は803店、県は752店、郷・鎮は418店となり、三級四級都市・県・郷・鎮あわせて全店舗数の7割以上を占めた。

表7.1　一心堂の店舗数推移（2014、2016）

地域	2014年12月31日時点	2016年6月30日時点	増加店舗数
全国	2,623	3,818	1,195
雲南省	2,039	2,644	605
広西省	254	335	81
四川省	144	240	96
山西省	44	215	171
貴州	93	150	57
海南	0	151	151
重慶	0	58	58
その他省・都市	10	25	15

出所：雲南鴻翔一心堂薬業（集団）株式有限公司2014年年報、2016年半期報をもとに筆者作成。

［3］　オムニチャネル戦略

　近年、一心堂は「インターネット＋」のビジネスモデルを推し進めている（図7.1）。一心堂はリアル店舗のブランド力を生かし、インターネット販売を通じてオムニチャネルを実現した。2012年から、一心堂は公式サイトを開設し、現在、医薬品・医療機器、健康食品、化粧品、パーソナルケア、生鮮食品など3,000品目以上を取扱っている。その一方、ネットショッピングプラットフォームでの販売も行っている。たとえば、中国最大のＢ２Ｃプラットフォームである天猫（Tmall）医薬館に３つの店舗を開設している（表7.2）。

　また、2016年７月に、一心堂はインターネット医療・健康コンサルティングサービス企業である健康之路（中国）情報技術会社（以下、健康之路）[4]と戦略提携協定を結んだ。それによって、一心堂は健康之路傘下の医薬品コンサルティングプラットフォーム（小薇問薬）に登録され、健康之路と提携している病院と医師の情報を共有することができるようになった。さらに、患者にインターネット医療・医薬品コンサルティングを提供することができる。つまり、一心堂は単純に医薬品販売のビジネスモデルから家庭に健康ソリューションを提案するワンストップサービスのビジネスモデル、いわゆる「大健康ビジネスモデル」へ移行している。

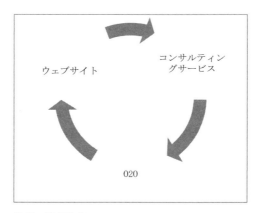

出所：筆者作成。

図7.1　一心堂のオムニチャネル戦略

表7.2　一心堂ネットショッピングサイト

分類	店舗名称	取扱商品/サービス
公式サイト	一心堂	医薬品・医療機器、健康食品、化粧品、パーソナルケア、マタニティー・ベビー用品、生鮮食品など
天猫医薬館（Tmall）	一心堂大薬房旗艦店	医療機器、健康食品、パーソナルケアなど
	鴻翔雲南専門店	健康食品、地元特産品など
	鴻雲健康食品専門店	健康食品など

出所：筆者作成。

　さらに、一心堂はO2O（オンライン・ツー・オフライン）を推進している。つまり、顧客はオンラインで注文した後に、リアル店舗（オフライン）で商品を受取ることができる（図7.1）。

［4］　情報戦略

　一心堂は、店舗数拡大およびオムニチャネルを推進すると同時に、情報戦略にも力を入れている。2008年から2016年にかけて、一心堂はSAP（企業資源管理）、HANA（高機能分析システム）、Hybris（電子商取引ソリューション）、CRM（顧客関係管理）を次々と導入した。それによって、顧客データと即時販売情報の分析機能を強化するようになった。

　一心堂はソフトウェアの強化を進める一方、ハードウェア面に関しては、2015年から各店舗の約300台のコンピューターを切り換えていった。コンピューター処理時間の短縮によって、顧客の待ち時間を縮小することができ、とくにピークタイムや週末に、店舗の販売効率を大幅に高めた。

　さらに店舗を支える倉庫では、大型倉庫管理対応型移動台車を30台導入した。台車はパソコン、スキャナー、プリンター付きで、Wi-Fiにもつながるため、品出しや伝票作成などの作業時間の短縮とミス削減を実現することが

第7章 事例研究——薬店 105

表7.3 一心堂戦略転換に伴う取扱商品の多角化

	従来	現在
戦略転換	単純に医薬品販売	大健康ビジネスモデル
経営重心	疾病治療ための商品	疾病治療・予防ための商品、ヘルス＆ビューティー、パーソナルケア、健康ソリューション提案
取扱商品	医薬品、健康食品	医薬品、健康食品、医療機器、パーソナルケア商品、メガネ、マタニティー・ベビー商品、食品、健康サービス
提供サービス	医薬品販売	医薬品販売、コンサルティングサービス（オンライン）

出所：筆者作成

できる。

[5] 多角化経営戦略

　一心堂は戦略転換を推進するにつれ、経営の重点が従来の疾病治療に関わる医薬品や健康食品から、疾病治療・予防の医薬品を中心に、個人健康にかかわる領域へ全般的に広げた（表7.3）。取扱商品は医薬品・健康食品以外に医療機器、パーソナルケア商品、メガネ、マタニティー・ベビー商品など多角化されている。

３．重慶桐君閣（A-Ⅳ）

３-１　桐君閣の発展経緯

　1908年に、「桐君閣熟薬房」が重慶で開店して、1954年に桐君閣熟薬房は光華を代表とする４つの薬房と合併して、桐君閣製薬を設立した。さらに、1958年、地域の国営慶余堂と合併し、国営桐君閣製薬を設立した。その後、重慶中薬材などの14社と連携し、重慶中医薬会社を設立し、1996年に深圳証

券取引場に上場した。1998年に、重慶太極グループに吸収され、重慶桐君閣会社（現在）に名称を変更した。これによって、桐君閣は国営企業から法人経営企業になった。2015年4月に、重慶太極グループは中国節能環保グループ（以下、中国節能）と株式転売協定を結び、桐君閣全株の20％を中国節能に売却した。

桐君閣は医薬品を中心に、医薬品卸売、小売、輸出輸入および物流など4つの事業を展開している。そのうち、小売事業は主要事業として営業収入の88.4％（2015年上半期）を占めた。

3-2 桐君閣の経営戦略

桐君閣の経営戦略の特徴については、密集出店・迅速拡張、低価格競争、広告宣伝およびサービス革新の4つがあげられる。

[1] 密集出店・迅速拡大

桐君閣は、店舗拡大戦略を採用し、それにより規模の経済を求めようとする。しかし店舗拡大を進めるとなると、巨大な資金と管理人員が必要になる。そのため、桐君閣は加盟店を中心として店舗網を展開している。1998年に、桐君閣は重慶において68店を開店し、2015年までの17年間で、店舗数は8,968店に拡大した。そのなかで、加盟店数は7,574店であり、加盟店率は84.5％となった。

一方、地域競争力を高めるために、桐君閣は地域に密集出店を行っている。とくに、本社所在地である重慶を中心とする西南エリアに店舗網を展開している。2014年の営業収入からみると、西南エリアの営業収入は全体の95.3％を占めている。

その一方で、華北と華東エリアを合わせて1.2％未満となった（海外営業収入は3.5％）。さらに桐君閣は北京や天津などの重点都市に、窓口として店舗を開いて、ブランド力を強化している。たとえば2002年に、北京王府井商店街において「医薬業界世界への窓口」という理念を生かし、1,200㎡のブランド店を開店し、当時「王府井薬店のナンバーワン」と評価された。しか

第7章　事例研究——薬店　107

し、北京桐君閣は北京地域において規模の経済が果たせなかったため、低価格の優位性が発揮できなくなり、4年後の2006年に北京地域から撤退した。

［2］　低価格戦略

　桐君閣は低価格戦略をとっており、価格競争を繰り広げている。2003年には、桐君閣の1,000店以上で値下げを実施し、下げ幅は20〜30％に至った。値下げのうち、多くの医薬品は「零差益」で販売されたため、桐君閣の平均粗利益率は15〜20％まで下落した。さらに、2005年4月に、重慶桐君閣の200店以上は1,000種類の医薬品に対して平均15％の値下げを実施しており、そのうち、医療指定医薬品200種類が含まれ、下げ幅は15〜20％となった。さらに、同年8月に、桐君閣は15種類の日常医薬品・売れ筋医薬品に対して、最大40％の値下げを行った。一方、医薬品価格を比較すれば、桐君閣は相対的に安い水準にある。「感冒灵顆粒」（漢方風邪薬）を例として、桐君閣の平均価格は9.1元となることに対して、雲南一心堂は12.3元、重慶平和薬房は13.3元となる[5]。

［3］　広告宣伝

　創立して以来、桐君閣は店舗の宣伝などを重視している。たとえば、創業当初（1908年清末）、桐君閣は公開処刑（公開で行われる処刑）を利用して集まってくる人に向けて宣伝活動を行うことがあった。また、当時薬品戸棚を使用して薬材を保管する薬店がほとんどであったが、桐君閣はそれをせずに有名な景徳鎮磁器で薬材を展示しながら、黒い板に金色の文字で記入された薬材カタログを各磁器の前に置いた。立派な内装と斬新な方法により多くの人々に呼びかけ、好評を得られた。さらに、1984年に桐君閣は「桐君閣伝説」というドラマを放送し、知名度を一気に拡大した[6]。このように、桐君閣は様々な宣伝手法で、現在、中医医師の無料診断や製薬過程展示などの宣伝活動を行っている。

［4］　サービス革新

　桐君閣は、次々と新しいサービスに挑戦している。そのなかで、最も注目
されるのは24時間営業サービスである。実際には、2011年に、桐君閣直営の
100店舗で24時間営業サービスを始めたが、夜間駐在医師がいないと、処方
箋が出せないため、このサービスを中止した。2015年8月から重慶の5店舗
で24時間営業サービスを再開する予定であった。それ以外では、胃腸薬、退
熱薬などの日常医薬品については、桐君閣は「救急用医薬品パッケージ」を
打ち出している。また、桐君閣は中医薬材を煎じるサービスを提供しており、
さらに、春にインフルエンザ防止、夏に熱中症予防の煎じ薬を店内で無料配
布している。

4．薬店3社の比較

　一心堂と桐君閣は薬店4つの象限のⅣにあてはまるため、2社の商品戦略
からみると、次のような共通点が指摘できる。まず、薬店が商品分野を拡大
しているが、非医薬品商品の全体に占める割合が極めて低く、薬店の経営重
心が依然として医薬品および関連する分野にある。次に、医薬品分野には、
商品からサービスの提供まで経営を拡大することで主力（医薬品）分野を強
化している。つまり一心堂は医薬品分野のほか、健康食品や漢方薬、ベビー
用品などの関連分野に拡大することで、商品カテゴリーの拡充により、利便
性を求めている。それに対して、桐君閣は医薬品および関連サービスの提供
に注目し、低価格戦略を果たす一方、専門性を強化している。

　一方、同仁堂は医薬品分野以外に、健康食品や化粧品分野にも参入し、商
品カテゴリーを拡大させると同時に、各分野においても専門性を追求してい
る。これは、ⅡとⅣの最も異なる部分である（表7.4）。

　商品戦略のほか、3社は出店戦略、経営状況および企業文化において以下
のような違いがある。出店戦略について、一心堂は地域集中出店を採用する
うえで、地域を中心に隣接地域へ安定的に店舗網を拡大していく。桐君閣は
同じく地域中心に出店を行うものの、競争相手に対する競争力を重視するた

第７章　事例研究──薬店　109

表7.4　商品戦略においての共通点と相違点

B-Ⅳ （一心堂と桐君閣）	医薬品を中心に 非医薬品分野へ品揃え拡大
B-Ⅱ （同仁堂）	ブランド力を発揮 各分野において専門性強化

出所：筆者作成。

めに、密集出店に注力している。一方、同仁堂は、北京、上海、武漢、広州
などの大都市（点線囲み）を中心に周りの地域、さらに全国へ店舗を広げて
いく（図7.2）。

　そのほか異なる経営戦略によって、それぞれの薬店の経営状況に影響を及
ぼしている。表7.5は３社の2015年上半期の営業収入、営業費用と利益状況
を整理したものである。具体的に営業収入に占める営業費用の割合をみると、
一心堂、桐君閣と同仁堂は、それぞれ58.4％、83.9％と52.1％を占めていた。
また、利益率を比べてみると、同仁堂の利益率は最も高い28.2％であったの
に対して、一心堂は11.9％、桐君閣は0.4％となった。桐君閣の店舗数は一
心堂の２倍以上になったが、営業収入は一心堂よりやや高かった。さらに、
桐君閣が長期的に低価格戦略を採用しているため、利益率は極めて低かった。
同仁堂は製薬中心になる一方、薬店では自社ブランドのみに専念するため、
店舗数が少なくても利益率を高く維持できる。

　最後に、薬店経営戦略が異なることは企業文化、あるいは企業性格の差異
が反映される。一心堂は医薬品販売と店舗経営強化だけではなく、そのうえ
で安定した成長を求めることによって「個人医師」のような印象を与えてい
る。桐君閣は成長拡大に注力し、競争力とブランド力を重視する「商人」の
ような印象がある。同仁堂は商品の育成と成長を重視しているため、いわば
「職人」といえる。

注：実線、破線、点線はそれぞれ一心堂、桐君閣、同仁堂の主要出店地域を表す。
出所：「中国まるごと百科事典」をもとに筆者加筆。Copyright©中国まるごと百科事典
　　 http://www.allchinainfo.com/

図7.2　一心堂・桐君閣・同仁堂出店地域概観

第 7 章 事例研究——薬店　111

表7.5 　3社における純利益と利益率（2015年 1 ～ 6 月、単位：万元）

代表企業	一心堂	桐君閣	同仁堂
店舗数（店）	3,496	8,968	501
営業収入	249,907	253,907	565,744
営業費用(a)	145,924	212,955	294,564
営業利益	19,290	1,219	99,085
利益総額	19,390	1,282	99,510
純利益(b)	17,398	854	83,045
利益率(c)＝(a)/(b)	11.9%	0.4%	28.2%

注：店舗数は直営店舗と加盟店舗を含む。
出所：各社のアニュアルレポートに基づいて筆者整理。

注

1) 同仁堂国際は同仁堂子会社である北京同仁堂商業投資集団が2015年 3 月に設立したインターネット販売会社である。
2) 北京同仁堂化粧品HPをもとに筆者整理。
3) 中国においては都市の規模によって、都市が一級、二級、三級、四級都市に分けられる。その下には県・郷・鎮・区などの行政区分がある。
4) 健康之路は2000年に創立し、オンラインで医療・健康サービスを提供するコンサルティング会社である。
5) 2016年11月15日時点に各公式サイトで「感冒灵顆粒」を調べた結果であった。
6) 詳しくは中国無形文化遺産網を参照されたい。

第 8 章

事例研究——薬粧店

1. 北京ドクター・プラント（B-Ⅱ）

1-1　ドクター・プラントの発展経緯

[1]　初期の展開（1994年～2009年）

　解勇氏は1994年に北京明弘科貿有限公司（以下：北京明弘）を設立し、化粧品製造・販売を行った。当初、北京明弘はフランスの化粧品工場に委託して、OEM化粧品を製造してもらい、中国国内に輸入販売を行う化粧品貿易を主要な事業としていた。それと同時に、自社ブランドの開発を考え始めた。

　2004年に、当初拡張していたカルフールの勢いに乗り、カルフールにおいて化粧品専門店の「量肌現配」（肌質によって異なる化粧品を組み合わせ）を開店した。「量肌現配」は自社ブランドを販売する一方、多くのブランドを扱っていた。当時、「量肌現配」が肌を12タイプに細分化して、各タイプにスキンケアソリューションを提案することは、最大の特徴として顧客に愛顧された。その後、「量肌現配」は、相次いでウォルマートや大潤発、永輝超市などのスーパーに出店して全国に広がった。2005年に、「量肌現配」はLotionspa（中国名称：露芯）に変更し、新しくブランドを創立した。

　ところが、当時、スーパーは大きなバイイングパワーを握るため、Lotionspaのようなテナント出店者は受動的な立場に置かれていた。たとえば、契約スーパーに出店する際に、売上のよい店舗とバンディングして、売上のよくない店舗あるいは店舗のなかで立地のよくない場所にも出店することが義務づけられた。このような局面を解決するため、Lotionspaは自社出店を試みた。2007年に、Lotionspaははじめての路面店を開いた。

　化粧品専売店の展開と同時に、化粧品市場において1つ大きな風潮としてワトソンズを代表とする薬粧店が興起した。ワトソンズは2005年から急拡大し、2009年までに500店舗、さらに2011年までに1,000店舗というハイスピードで成長していた。Lotionspaはワトソンズの成長の可能性を感じて、2009年にワトソンズの取扱商品になった。また、ワトソンズをスムーズに対応す

るため、Lotionspaは子会社を設立し、ワトソンズでのチャネル販売を全般的に展開した。その結果、Lotionspaの売上は急速に伸びていった。

［2］　戦略転換（2010年〜2013年）

しかし売上が拡大するにもかかわらず、Lotionspaは顧客資源の流失という問題に直面した。どんな顧客がいつ購入したか、この商品を購入したときどんな関連商品を購入したかというような顧客買上げ情報を把握できなかった。さらに、Lotionspaの商品を購入した顧客は、結局ワトソンズの会員になった。こうした状況で、Lotionspaは次第に顧客から離れ、顧客資源を失った。それらの問題を意識したLotionspaは2010年にワトソンズから撤退することを決断した。

Lotionspaはブランド育成に専念し、ブランド力の向上および販売チャネルの調整に注力した。ブランド力の向上について、Lotionspaはハイエンドの顧客層をターゲットにし、大衆顧客に対して認知度が低いという弱点がある。それを解決するため、2012年にLotionspaはブランド名をドクター・プラントに変更した。それとともに、店舗イメージをアップグレードし、植物や、自然と有機の印象を与えるような緑色に変えた。

新しいブランドの確立と同時に、ドクター・プラントは販売チャネルを調整し、積極的に店舗拡大を行った。2013年当初、Liningなどのようなアパレル専門店チェーンが相次ぎ閉店し、閉店数は2,249店に上った。この機会を利用して、ドクター・プラントは多くの立地でよい店舗が確保できるようになった。それとともに、ドクター・プラントはフランチャイズで加盟店を展開し始めた。加盟店の質を保証するために、ドクター・プラントは次のように工夫した。まず、オーナーの募集については、盲目的にオーナーを募集するのではなく、ドクター・プラントにロイヤルティーを持つ会員をオーナーに招く。また、大学新卒者に対して、卒業してから5年以内にオーナーを希望すれば、加盟費用を半減することを約束した。さらに、業績不良の店舗や経営意欲低下のオーナーに対して、店舗の買戻しを認め、それによって加盟を直営に変更することができる。このような政策のもとで、ドクター・プラ

ントの店舗網が迅速に広がった。2013年までにドクター・プラントの店舗数は1,000店に達した。

［3］ 研究開発とブランド・マーケティング（2014年〜2017年）

　店舗を拡大すると同時に、ドクター・プラントは研究開発にも力を入れている。2014年に、ドクター・プラントは中国科学研究院昆明植物研究所と20年戦略提携を結び、ドクター・プラント研究開発センターを設置した。それと同時に、ドクター・プラントは昆明植物研究所の中国民族植物学者裴盛基氏と共に広東順徳盛美工場（略称：順徳工場）を設立した。順徳工場は1.1万平方メートルの面積を持ち、ドクター・プラントの研究開発と生産機能を備えている。また、順徳工場は透明な設計を採用し、顧客と競合企業による見学を受け付けている。それによって、顧客はドクター・プラントの原材料の栽培（種の育て、植物の育成環境など）から生産されるまでのすべての工程が見えるため、ドクター・プラントに対する信頼性がより高まる。一方、会社の秘密を守って競合企業の学習を恐れるどころか、競合企業の見学学習を歓迎する。競合企業がたとえ模倣しても乗り越えられない企業を創ろうというモチベーションを自らに与える。それを常に意識して研究開発を続けて工程を改善するわけである。

　ドクター・プラントは、ブランドを育成するために、会員の力を借りて口コミでブランド力を向上させる。顧客の1回あたりの購買金額は200元になり、かつ会員情報を登録してドクター・プラントの会員になれる。ドクター・プラントの会員は購買金額によって、「体験型会員」「シルバーカード会員」「ゴールドカード会員」および「ダイヤモンド会員」という4つのタイプに分類されている。ドクター・プラントの会員は、商品を購入するとき、会員価格で購入することができ、ポイントをためることができる。ドクター・プラントは最大限に利益を顧客に還元するため、広告を出すことはなかった。その一方、会員を最大の資源としてサービスを改善し続けて、リピート購買を図るとともに、口コミでブランド認知度を向上させる。ドクター・プラントの店舗では、フェイススキンケアとマッサージを提供してお

り、商品効果を高める。また、ドクター・プラントは会員に対して「333商品使用効果評価訪問」を実施している。それは、商品を購入した後３日目、３週目と３ヶ月目に会員を訪問して商品使用の評価を尋ね、さらに季節に応じてスキンケアのポイントをアドバイスする。それと同時に、会員のニーズや要望に対して随時に対応するために、ドクター・プラントはオンライン・コンサルティング・サービスをオープンした。このコミュニケーション・プラットフォームを通じて、会員との密接な関係を築くことができる。

また、2015年12月、中国の第一の商店街と呼ばれる王府井の「大柵欄」エリアにおいて、１階はドクター・プラントの店舗とし、２階は会員クラブ構造になっている２階建ての会員クラブを開設した。会員クラブにはWifiサービス、新商品の体験、またおやつなどが無償で提供されている。ドクター・プラントの会員であれば、誰でもそれらのサービスを利用することができるし、特にショッピングに疲れる顧客にとって、休憩場所を提供することはアピールのポイントとなる。それによって、会員に付加価値を提供する一方、ドクター・プラントのブランドの宣伝効果が果たせる。現在、ドクター・プラントの会員数は370万人になっている。

ドクター・プラントは口コミを重視する一方で、独特なブランド・マーケティング戦略をとっている。その１つが公益事業である。2016年にドクター・プラントは西安建築科技大学（解氏の出身校）、北京工商大学、上海交通大学等60校以上の大学に奨学金制度を設立した。また、西安建築科技大学においてドクター・プラントの管理層および従業員に向けたトレーニングを開設した。それによって、ドクター・プラントブランドの知名度が高まる一方、学生にインターンシップを提供することで人材を確保することもできる。また、ドクター・プラントは中国植物学会と雲南呉征鎰科学基金会と共同で「呉征鎰植物学奨」を設立して、それを通じて、科学研究の成果から商品研究開発に応用できると期待している。

もう１つは、ドクター・プラントは中国化粧品の民族ブランドを目指している。2015年に、「一帯一路」活動での唯一のスキンケア化粧品ブランドとして、ドクター・プラントは代表団と国際訪問に参加した。その後、ドク

ター・プラント商品は「国禮」（国を代表するプレゼント）としてイタリア大統領やオーストラリア総理などの国家首脳に贈られた。それによって、ドクター・プラントの認知度がさらに高まっている。

1-2　ドクター・プラントの経営戦略

　ドクター・プラントの発展経緯を踏まえて、次のように成長につながる4つの要因をまとめることができる。

　第1に、品質プラスブランドの核心戦略を明確にすることである。商品の品質は最も基本的なところであり、そこさえ確保できなければ、いかに宣伝しても顧客に購入してもらえない。それを強く意識しているドクター・プラントは、品質を保証するために、研究開発から生産まで力を入れている。ドクター・プラントは営業収入の5％程度を研究開発に費やしている。

　第2に、常にライバル企業との差異化を意識して行動していることである。ドクター・プラントは原材料をはじめ、生産および販売までにおいても差異化を図っている。たとえば、ドクター・プラントが昆明植物研究所との提携により、高山植物を栽培し、化粧品の原材料として使うことは、高山植物の特有の成分効果を発揮する狙いがある。また、ほかの薬粧店と異なって、ドクター・プラントが化粧品を販売する際に、消費者の肌の質にあわせるように化粧品を組み合わせて販売するという方法を採用している。

　第3に、制御力を高めるため、垂直サプライチェーンを維持していることである。ドクター・プラントは原材料の栽培、商品の研究開発、生産から販売までの垂直サプライチェーンを構築することにより、商品の品質を最大限に保証している一方、商品に対する制御力も向上させる。解氏によると、ドクター・プラントは商品の生産から店舗に陳列するまで最短で1日に行うことも可能である。他の商品と比べて、化粧品供給期間の長短は商品の販売にほとんど影響していないが、商品に対するコントロールは消費者に信頼を与える根本であると考えている。

　第4に、会員を重要な顧客資産として扱うことである。ドクター・プラントは顧客を確保するため、会員制を導入するとともに、さまざまな会員向け

のサービスを提供している。たとえば、美容院のように顧客が購入した化粧品を店内に預かること、会員クラブで休憩場所を提供することなどがあげられる。2016年にドクター・プラントの売上の80％が会員消費による達成となった。

2．香港ワトソンズ（B-Ⅳ）

2-1　ワトソンズの発展経緯

［1］　初期の展開

　ワトソンズは、香港に本社を置くドラッグストアチェーンである。1828年、イギリス人のA.S.Watsonが広州で「広東大薬房」という社名で創業した。当初は、貧困層の人々に無償でメディカルサービスを提供していたが、その後1832年に、中国大陸において炭酸飲料水工場を設立した。1841年には香港で薬店を開き、さらに1869年に統治者エディンバラの専用薬店になった。その後1871年、ワトソンズ有限公司（中国名称：屈臣氏）を設立し、ワトソンズという社名を用いて経営を始めた。1895年、ワトソンズは35店舗を展開して、医薬品、化粧品、香水など約300品目を販売した。1903年からワトソンズは、香港および中国大陸に蒸留水を販売したが、1937年、第二次世界大戦の日中戦争による影響により、中国における経営が全面的に停止した。戦後、ワトソンズは再び経営を始めたが、1949年にワトソンズは中国から撤退することとなった[1]。

［2］　中国全土に店舗網を構築

　1963年、ワトソンズは和記洋行（現在のハチソン・ワンポア）に買収され、和記洋行とのつながりができた。1981年、ハチソン・ワンポアは、ワトソンズの全株を取得し、ワトソンズを子会社としたことで、ワトソンズがハチソン・ワンポアから資金の支援を得ることができるようになった。1989年、ワトソンズは再び中国大陸に進出し、同時に最初のパーソナルケアという概念

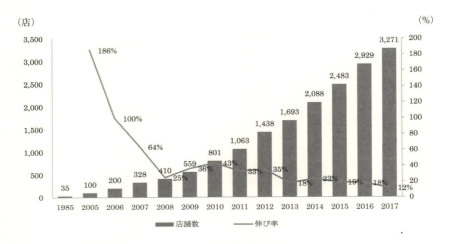

注：①1985、2005、2006年の店舗数は大記事による推測値である。
②2014年からの店舗数は中国（香港、マカオ、台湾を除く）で数えたものである。
出所：ワトソンズホームページおよびグループ会社ハチソン・ワンポアのアニュアルレポートより筆者作成。

図8.1　ワトソンズ店舗数推移（1985～2017年）

を導入して、北京麗都広場で「個人用品店（パーソナルケアストア）」を開店した。当時、個人用品を扱う店舗は斬新的なものであり、競争相手もいない領域であった。しかし消費者の価値観に合致しなかったため、個人用品店はあまり利用されなかった。そのため2004年までの15年間で、ワトソンズの個人用品店を50店舗出店したが、そのペースは非常に遅いものであった[2]。

2005年、外国資本に関する規制緩和によって、中国における小売業への参入規制が全般的に緩和された。これを受けて、ワトソンズは多店舗展開に力を入れ始めた。2004年末までに、ワトソンズは中国大陸で50店を出店しただけだったが、2005年の店舗数は100店となった。その後ワトソンズの店舗数は毎年100店以上のペースで増加し、2011年に1,000店舗を超え、2014年に2,000店舗を超え、2017年12月にまでワトソンズは中国の32省・直轄市において3,271店舗を有しており、中国全土で店舗網を構築した（図8.1）[3]。

ワトソンズの拡大に着目すると、2004年までワトソンズは単純な店舗数拡

大路線と低価格方針を採用して、消費者の獲得を目指した。同時期には、香港系のマンニングなどのドラッグストアとの競争が激化した。この競争を勝ち抜くために、ワトソンズはブランディングと戦略的な店舗展開[4]を考慮し、優位性を発揮することに注力した。とくに、店舗展開については、二級都市と三級都市での立地選択に重点を置いた[5]。

　しかし、地方都市へ進出した当初、大きな問題に直面した。それは、多くの外資系小売企業は本部所在地の政府へ納税していたが、ワトソンズの本部は香港にあるため、香港政府へ納税することになった。そのため地域展開する際に、進出先の政府部門からの支持がなかなか得られないという問題を抱えることになった。たとえば、店舗を出店する前には地方政府からの許可が必要であり、また路面演出などの販売促進を行うために地方政府への申請が必要である。こうした問題に対応するために、ワトソンズは現地における子会社を設立する対策を打ち出した。ハチソン・ワンポアの子会社である格渥（中国香港）投資有限公司が青島ワトソンズ個人用品商店有限公司を設立することによって、青島を中心に華北、東北地域への拡大を実現した。さらに、2011年までワトソンズは二級都市において5つの子会社を設立し、武漢、成都、昆明などの二級、三級都市への拡張を支えた[6]。

［3］　グローバル展開（資金と資源調達）

　ワトソンズは中国に店舗を拡大する一方、グローバル展開も進めた。グローバル展開する際には、手段として進出先国のローカル企業を買収することが最も有効な方法の1つである。2000年、ワトソンズはイギリスの化粧品チェーン店であるSaversを買収してヨーロッパ市場に参入し始めた。さらに2002年、ワトソンズは13億ユーロでオランダの健康美容品チェーンであるKruidvatを買収した。当時Kruidvatは1,900店を有しており、ヨーロッパ第3位の健康美容品小売企業であった。この買収によって、ワトソンズは迅速なヨーロッパ市場への展開ができたことで、アジア市場中心からヨーロッパ市場へと経営の重心を移し、世界第3位の健康美容品小売企業になった。

　その後、2004年にラトビアRota傘下のDROGASを、2005年にはイギリス

の香水チェーンMerchant Retailを買収し、さらにフランス最大の香水小売企業Marionnaudを傘下に収めた。Marionnaudの買収により、ワトソンズはプレミアム（高級）化粧品市場に参入することができた。その結果、ワトソンズの店舗数は5,662店となり、健康美容品分野において世界最大の小売企業となった[7]。

[4]　ネットショッピング時代

　インターネットの発展により、ネットショッピングは爆発的な成長を遂げてきた。ワトソンズはリアル店舗からネットショッピングに移った消費者を再確保するために、2011年からタオバオ、京東、アマゾンとそれぞれ提携し[8]、旗艦店[9]を出店した。同期に、ワトソンズはモバイルショップと公式サイト[10]を運営し始め、「商品双線攻略（リアル店舗とネットショッピング）」を推進しようとした。ワトソンズはネットショッピング会社と提携する際、インターネット上のチャネル管理を徹底的に実施している。各ネットショッピングサイトを比較すると、店舗のイメージや販売する商品が統一されており、季節の販売促進も同時に行っている。このように、消費者にとってはオフラインとオンライン、さらに各ショッピングサイトにまであらゆる商品の情報が一致して載ることによって、価格の差異による不安を無くし、消費者が多様な選択をできるようにした。

2-2　ワトソンズの経営戦略

[1]　PB商品による差別化

　ワトソンズは、化粧品を中心に（化粧品の割合はおよそ45％）医薬品、健康食品、パーソナルケア、雑貨などの商品を取り扱っており、取扱品目は8,000を超えている。そのなかで、ナショナル・ブランド（NB）と比べ、プライベート・ブランド（PB）商品は、消費者を吸引する主要なポイントとなる[11]。ワトソンズがドラッグストア業界で優位に立つ理由の1つとしてPB商品の展開があげられる。

　ワトソンズは医薬品、化粧品、洗剤、健康食品、食品などの分野でPB商

第 8 章　事例研究——薬粧店　123

表8.1　ドラッグストア 4 社のPB商品の比較

カテゴリー／企業	保健	医薬	化粧	洗濯	日用	アクセサリー	服装	食品	家庭
ワトソンズ	○	○	○	○	○	○	○	○	○
セフォラ	×	×	○	○	○	×	○	×	×
康是美	×	×	×	○	○	×	×	×	×
マンニング	○	×	×	○	○	×	○	×	○

出所：馮建軍（2014.1）p.53

品を販売している。1950年代に最初のPB商品として蒸留水を発売してから、2013年までにワトソンズのPB商品は2,000品目を超えており、全商品に占めるPB商品の構成比は約20％に達している（2013年 2 月時点）。薬粧店 4 社のPB商品を比較し、表8.1で示すように、ワトソンズは各カテゴリーでPB商品を展開している[12]。

　ワトソンズの取扱PB商品のなかで、化粧品（スキンケア）と飲料水（蒸留水、ジュース）が、消費者から最も注目を集めている。価格面をみると、PB商品の価格は比較的安い。たとえば、スキンケア化粧品のなかで、マスクを取り上げてみると、 0 ～299元の商品は68品目あり、そのなかで、50～99.99元の商品が最も多く、56品目82％を占めている。NB商品の場合は、50～99.99元の商品が50％を占め、次いで、100～199元の商品が33％を占めている[13]。しかし、ワトソンズはPB商品の安さのみならず、品質も強調している。より安い価格で品質の良いPB商品を提供することにより、売上高の増加を実現した。以下に、ワトソンズの強みについて整理する。

　ワトソンズのPB商品が消費者に受け入れられる理由は、PB商品の選定とシリーズ開発にある。ワトソンズは売れ筋のNB商品を追跡し、そのなかで成長性があると見込まれた商品を追随した。他方、ワトソンズは単純にNB商品を模倣して販売するだけでなく、PB商品を持続的に成長させるために、ブランドの育成に力を入れている（図8.2）。ターゲット消費者に着目し、消費者ニーズに対応できる商品を開発するのはPB商品の核心である。ワトソ

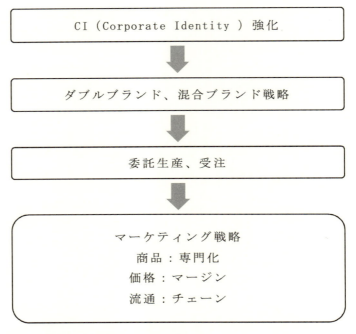

出所：徐光明、洪婉儀（2014年5月）p.12

図8.2　ワトソンズPB商品の経営モデル

ンズのターゲット消費者は、18～35歳までの女性であり、ファッションを追求する学生とOLを対象としている。こういった消費者層は新鮮かつファッショナブルな商品を求めるという特徴がある[14]。つまり、消費者にとって商品の使用感とデザインのいずれも重要である。ここでは、代表的なPB商品としてワトソンズ蒸留水をとりあげたい（表8.2参照）。

　1903年、ワトソンズは蒸留水を製造し始めた。1950年代には商業用ガラス・ボトルがオフィスでは流行していたが、素材がガラスであるため、割れやすいなどの欠点があった。これに対して1977年、ワトソンズは500ミリリットルのペットボトル蒸留水を発売し、セット商品としてディスペンサーを発売した。その後、1994年に「漏れ留シーリングシステム」機能付きの

第8章　事例研究——薬粧店　125

表8.2　ワトソンズ蒸留水の革新

デザイン	イメージ
1950年代 ガラス・ボトル	
1996年〜 「易提」ボトル	
2002年〜 500mlボトル・デザイン	
2003年 100周年シリーズ	
2012年 蒸留水ブランド・イメージ	

出所：ワトソンズ蒸留水HPに基づいて筆者作成。

ディスペンサーを開発し、販売し始めた。このディスペンサーに対する需要が増加したため、ワトソンズは北京で蒸留水工場を設立し、全国へ蒸留水を

供給した。

　さらに1996年、12リットルの家庭用蒸留水を開発し、一般家庭へ発売し始めた。1998年には、ボトルを交換するときに持ちやすくするため、ハンドルをボトルの裏側に取り付けた「易提」ボトルを開発した。それと同時に500ミリリットルのペットボトルのデザインも改善し、緑色と水色の水滴の形によって清潔とファッショナブルなイメージを強調した。

　2003年、ワトソンズの蒸留水は100周年を迎え、香港シリーズをテーマとして、毎月100周年記念ペットボトルを発売した。また、若々しくて活発なブランド・イメージをアピールするために、2012年、香港の人気女性自転車選手の李慧詩を起用し、「信念を信じる」という広告を打ち出した。こうして、ワトソンズ蒸留水の認知度は徐々に高まり、健康的かつファッショナブルな飲用水として飲料市場に定着した[15]。

　PB商品については、最もよい場所に陳列されている。化粧品についてみると、連結ゴンドラにおいてすべてのPB化粧品はブランドごとに展示され、陳列棚の上にブランド名がはっきり表示されている。さらに、商品の色でブランドを区分することで、消費者に探しやすさという利便性をもたらす。それに加え、プロモーションに応じて、独立ゴンドラや移動ゴンドラにPB商品を陳列するため、消費者に衝動買いを促すことができる。それをNB化粧品の展示と比較すると、PB化粧品の高級感が多少弱まるものの、親しみやすさは消費者を吸引する大きな要因となる。

[2]　低価格とプロモーションなどのマーケティング活動

　ワトソンズのターゲット消費者は、18～35歳の女性であり、こうした消費者は品質やファッションを追求する一方、価格に敏感であるという特徴がある。一般的には、化粧品や保健用品などは価格弾力性が高く、商品価格が下がると、需要が大幅に上昇する。つまり、低価格について消費者は好感を持ち、合理的な選択として低価格の商品を購入するわけである。

　2004年、ワトソンズは新規利用者を拡大するために、低価格方針を打ち出した。2006年に200店舗を開店するとともに、「低価格保証」を打ち出し、消

費者に「ワトソンズで買った商品が他店より高い場合、価格の半額を返還します」と宣言した。それと同時に、PB商品以外の1,300品目の商品を「低価格保証」の対象にした[16]。たとえば、ワトソンズで扱う化粧水を取り上げてみると[17]、化粧水74品目のなかで、0～100元未満の化粧水は45品目あり、100～300元未満の化粧水は29品目あった。その一方、一般的化粧水の販売価格は0～600元[18]であるため、ワトソンズが取扱う化粧水はローエンドとマス市場にあるといえる。

　こうした低価格方針により、ワトソンズは消費者市場を拡大していった。とくにワトソンズが二級、三級都市に参入した当時、低価格方針が効果的に働いた。その理由は二級、三級都市の支出は大都市より低いレベルにあることで、ワトソンズの低価格方針は二級、三級都市の市場に合致したと考えられる。そのため、2009年にワトソンズは中国28都市で店舗を展開することができた[19]。

　ワトソンズが低価格を維持できるカギとして、大量販売、大量仕入があげられる。ワトソンズは中国に2,000店舗、世界中にも10,581店舗[20]を出店している。この店舗数に支えられた販売網により、ワトソンズは大量に商品を販売することが可能となる。一方、それを支えているのは、商品を一括で仕入れることによって、低コストで商品を確保できることである。こうして、ワトソンズは低価格で大量販売を実現して、大量仕入れによる仕入価格の抑制ができ、さらに低価格で販売することを維持するといった好循環になっている。

　ワトソンズは資源調達するために、香港とスイスに子会社を設立し、グローバルな範囲で良い商品を探索し、仕入れている。ワトソンズにはグローバル商品調達に関する専門職が設置され、世界中の5,000以上のサプライヤーと協力している。それによって、ワトソンズは世界の消費者に18万SKU[21]を提供している[22]。

　しかしながら、できる限り価格を安く設定し、消費者を吸引する一方、ワトソンズは品質の向上に持続的に取り組んでいる。とくに、消費者が商品に関する知識を持っていない場合、価格で品質を判断することがよくある。つ

まり、消費者は高価格が高品質、低価格が低品質と自己判断することがある。ワトソンズにとって低価格戦略をとるとともに、いかに消費者の不安や疑惑を取り除くかが重要である。そこで、ワトソンズは商品の価格をアピールするのみならず、品質の改善および商品付加価値の提供に力を入れている。

次に、ワトソンズの独特な販売促進活動について検討する。有効なプロモーションは、商品の売上に結びつくだけではなく、ロイヤリティーを高めることにもつながる。とくに、消費者は必要な商品よりも欲しい商品を購入するように価値観が変わった。従来のように必要と思われるものに対し、消費者が積極的に探すことは少なくなる一方、店舗でPOPを見て購買するという衝動買いが増加する[23]。つまり、魅力的なプロモーションは消費者の注意を引きつけ、購買を促すわけである。

ワトソンズのプロモーションを整理すると、「会員特典」「BUY ONE TAKE ONE（1個買うと1個無料）」「PLUS ONE TAKE ONE MORE（1元プラスすると商品もう1個）」という3つの活動を主力としている。さらに、表8.3にまとめたように、14タイプのプロモーションが常に行われている。また、PB商品については手頃な価格でとりあえず消費者に購入してもらおうという方針を実施した。ワトソンズはPB商品をアピールするために、多種多様なプロモーションを持続的に実施し、消費者と接触する機会を増やそうとしている。消費者にとって、PB商品の使用体験がよければ、ワトソンズへの信頼感と忠誠心は高まることになる。

2006年にACニールセンは、広州でワトソンズに来店した約600名の女性に対して調査している。ワトソンズに買物に来る理由では、複数回答で「便利」、「発見式陳列」、「好きなブランドがある」、「品質」、「企業への信頼」、「PB商品」、「買物環境」などがあげられた。さらに、85％以上が品揃えの豊富さとデザインをワトソンズで買物する最大の理由であると強調した。つまり、ワトソンズは販売促進活動に力を入れると同時に、単に低価格で消費者を確保することではなく、高付加価値商品を出せるように取り組んでいる。これらはワトソンズが消費者を吸引する要因の1つとなっている。

第 8 章　事例研究——薬粧店　129

表8.3　ワトソンズ販売促進活動

タイプ	特徴/内容	仕組み
1．お得コーナー	PBを中心に 3つ以上のPB商品を選定し、顧客1回の会計金額が50元以上になる場合、10元プラスされると選定商品から1つを選んで進呈。	買物商品数増により、単価が下がり、お得感。
2．PLUS ONE TAKE ONE MORE	PBを中心に 特定商品を買い上げて、さらに1元プラスすると、同じ商品をもう1個、あるいは同ブランド品をもう1個進呈。	買物商品数増により、単価が下がり、お得感。
3．BUY ONE TAKE ONE	PBを中心に 商品1個を購入すると1個進呈、2個購入すると1個進呈、大きいサイズを購入すると小さいサイズを進呈、商品を購入すると粗品を進呈するなど。	買物商品数増により、単価が下がり、お得感。
4．値引き	NBを中心に 同じ商品を2個購入してもらうと割引をする。	買物商品数増により、単価が下がり、お得感。
5．独占特典	NBを中心に サプライヤーと事前交渉して特別支援協力をもらい、他店にない特典が行われる。	ユニーク、来店者数が増加。
6．タイムセール	PB、NB商品両方 抽選で1名、60秒以内に5000元以内で、商品を1点1元で購入することができる。	来店者数増加。
7．中身増量キャンペーン	PBを中心に 値段を変えずに商品の中身を増量。	増量のお得感。
8．クーポン券進呈	特定商品に対するプロモーション クーポン券をDMに印刷し、顧客がクーポン券を持ってきて指定商品を購入すると、クーポン券に明記した金額分をディスカウント。	支払金額節約により、お得感。

9．引換券	買物総額に対するプロモーション チラシに引換券を付けて、一定金額以上お買い上げがあれば引換券をお金同様に使える。	支払金額節約により、お得感。
10．お得セット	NBを中心に 限定商品を出して、綺麗なセット商品パッケージに変更してお得感を与える。	支払金額節約により、お得感。
11．セール期間限定	PBを中心に 安価商品を店内の目立つところに山積みにして顧客の視線を引く。	支払金額節約により、お得感。
12．贈答キャンペーン	PB、NB商品両方 顧客への贈答をテーマとした販促活動。主に一部商品を通常より多少安く販売する。	支払金額節約により、お得感。
13．会員特典	PB、NB商品両方 会員向けの値引き商品を提供。	会員独占、支払金額節約。
14．プレゼント	買物総額に対するプロモーション 会計金額が一定金額以上になると、プレゼントを進呈。	タダでもらえるお得感。

出所：馮建軍（2014）、株式会社エイトセンス（2013）をベースに2015年３月ワトソンズパンフレットの調査に基づき筆者作成。

[3] **出店戦略**

　2010年２月に、ワトソンズは中国不動産会社の大連万達グループ（Wanda Plaza）と中糧不動産（中国糧油食品グループ）それぞれと提携した。現在、万達グループのショッピングモールである万達広場は全国で109ヶ所[24]あり、中糧不動産の総合ショッピングセンターである大悦城は、北京、上海、深圳、成都などの主要都市に10ヶ所展開している。万達グループは中国最大の不動産会社であり、ブランド力が強いうえ、魅力的な店舗を多く持っていることから、ワトソンズにとって優良な出店場所となる。ワトソンズは万達グループと提携することにより、通行量が多い繁華街の店舗を確保するだけではなく、万達のホームページによる重点店舗推薦[25]の対象となっているため、消費者の認知度を高める可能性を広げている。さらに各サブページを確認す

ると、ワトソンズは万達広場の1～2階に出店することが多い。場所として
は、ショッピングモールの主導線に沿って、エレベーターやエスカレーター
などが設置されている位置に店舗がある。つまり、通行量が多い場所と人が
集まりやすい場所に開店している。

　他方、中糧不動産の大悦城は、18～35歳の消費者層をターゲットにし、
「若さ、ファッション、流行、センス」をアピールする総合ショッピングセ
ンターである[26]。大悦城と提携し、同じようなターゲット客層を求めるワト
ソンズにとって、客層を共有することは有利となる。また、サブページで確
認すると、ワトソンズは、ほとんど大悦城の地下1階に出店している。大悦
城に入店しているテナントで化粧品を中心に販売しているのはワトソンズの
みである。

　さらに2010年5月、ワトソンズはイオンと提携したため、中国において、
イオンとバンドリングで出店している[27]。具体的には、イオンが山東半島に
参入する際に、ワトソンズはともにイオンのショッピングモールに出店する
ことになった。それによって、ワトソンズは急速に青島、烟台などの地域で
店舗網を築いた。

3．広東ジアレン（B-Ⅳ）

3-1　ジアレンの発展経緯

　2002年、ジアレンは広州嬌蘭佳人化粧品有限公司（以下、ジアレン）を設
立し、2003年にジアレン化粧品専売店1号店を開店した。その1年後、ジア
レンは積極的に店舗数を増やす一方、単一のブランドを取扱う化粧品専売店
から複数ブランドを取扱う化粧品専門店へと戦略転換を行った。2005年5月
に、ジアレンは広州棠景街ではじめての化粧品専門店を開店した。

　ジアレンは、2005年に広州で1号店を開店してから、2017年（5月時点）
までに北京、上海、重慶、成都などの一級大都市において1,870店を開店し
た。最初に中国大陸で展開した少数の薬粧店の一員として、この11年間、ジ

アレンは様々な試行錯誤を経験してきた。2005年から、ジアレンは加盟店経営を試みたが、管理の混乱による経営効率低下により2008年には、加盟店経営から直営に変えていた。しかし、店舗拡大に伴い、直営店経営（フランチャイズ）が資金調達の問題に直面したため、2012年に、ジアレンは再び加盟店経営を手掛けている。現在、ジアレンはスキンケア、メイクアップ、ボディケア、ヘアケア、メンズパーソナルケア、化粧マスク、化粧小物、および日用品の八類商品、およそ10,000SKUを扱う第2位の薬粧店チェーンである。

ジアレンの経営特徴は、出店戦略、低価格と店舗拡大、PB商品およびネット・プラットフォームの4つの側面があげられる。

3-2　ジアレンの経営戦略

[1]　出店戦略

今まで大都市を中心に展開してきたジアレンは三級四級都市へと出店の中心を変化させている。さらに、ジアレンは、店舗をプレミアム店、社区店（コミュニティー）と一般店の3つのタイプに分けている。3つのタイプの店舗は取扱商品、内装、人員配属などが異なっている。プレミアム店は商業集積地などの地域に出店し、輸入商品を中心に販売している。社区店は住宅地に出店し、周りの住民をターゲットにするため、日用品が多い。一般店はプレミアム店と社区店の間に位置づけられる。ジアレンは競争が激しいところを回避するために、次商圏[28]や社区を優先に出店している。

また、近年ジアレンは単一のブランドを販売するPBブランド店舗を手掛けている。それは薬粧店4つの象限のⅠにあてはまる。その代表として「婷美小屋（Timier house）」、「植物日記（Plants Diary）」と「Minilab」があげられる。2015年5月までに、「婷美小屋」は広州、北京、武漢、上海などの地域におよそ100店を開店した。

[2]　低価格と店舗拡大

ジアレンは、低価格戦略を採用している。ジアレンの取扱商品は、一般大

衆向けのミドルエンドの商品がほとんどである。また、多くのジアレン店舗は、割引販売を実施しており、たとえば、取扱商品は常に8.5割引で販売されている。一方、自社のブランド店舗である「植物日記」も低価格を実施している。

　低価格の実施とともに、ジアレンは店舗拡大を進めていく。とくに柔軟性がある60〜100㎡の中小型店舗は、ジアレン拡大の中心となる。2016年（2月時点）1,165店舗を有しているジアレンは、2025年までに店舗数（自社のブランド店舗以外）が10,000店、自社のブランド店舗が20,000店に拡大することを目指している。

［3］　PB商品による差別化

　ジアレンにおいて PB商品の売上高は全体の30〜35％（2014年）を占めていた。そのなかでは、スキンケア化粧品とメイクアップ化粧品分野で多くのPB商品を持っている。代表的なPBでは「植物日記」「婷美美肌（Magic）」「Minilab」「露芭緹（Lubatti）」「艾依派（AIP）」「貝肌泉（Biofila）」「柏蕊詩（Boravis）」「REC」「ジアレン（Gialen）」の9つがあげられる。他方、2016年1月から、ジアレンはPBのティッシュペーパーを販売し始めた。新発売のジアレンティッシュペーパーは手ごろな価格で、品質が良いと消費者から好評であり、ジアレンで取扱うペーパー類商品の売上のなかで、ジアレンティッシュペーパーは最も高いシェアを占めていた。このように、ジアレンは「ファッション・低価格・高品質」という商品戦略にしたがい、それを果たせる商品をPBで出すことにしている。

［4］　ネット・プラットフォーム

　ジアレンは、「B2C＋D2C＋F2C」というオープンプラットフォームを構築しようとしている。ジアレン はB2C（Business to Customer）を積極的に行う上で、工業デザイン加工製造（Design to Customer、略D2C）とオーダー製造（Factory to Customer、略F2C）を加え、最大限に消費者ニーズを満足させようと目指している。一方で、オープンプラットフォーム

を通じて、商品の背後にあるサプライチェーンを統合することはジアレンが
競争を勝ち抜く鍵となる。

4．薬粧店3社の比較

　以上を踏まえて、ドクター・プラント、ワトソンズとジアレンは次のよう
な共通点がある（表8.4）。ワトソンズとは同じく、小売業者による商品の仕
入販売型であるため、商品に関するマーチャンダイジングを主軸に経営活動
を行う。それとともに、規模の経済を図って、店舗拡大を積極的に推進しな
がら、低価格戦略を徹底的に実行している。一方で、競争を勝ち抜くために、
PB商品の開発に取り組んでいる。とくに、主要商品分野である化粧品にお
いてPBブランドを開発する一方、商品分野の空隙を埋めるようなPB商品を
作るのが2社の特徴である。つまり、低価格戦略をするとともに、できるだ
け差別化を図るような工夫をしている。

　他方、ドクター・プラントはメーカー直営/契約による系列店販売（B-
Ⅱ）となるため、商品の仕入販売を主軸とするワトソンズとジアレン（B-
Ⅳ）とは次のような2つの相違点がある。

　第1に、美容領域において専門性を強化することである。ドクター・プラ
ントは商品品質を最重視し、商品品質を常に改善するように取り組んでいる。
それとともに、個々の消費者にあわせるような商品を提案したり、商品効果
を果たすために美容知識を教えたりしている。つまり、ドクター・プラント
は消費者に商品を販売して済むのではなく、消費者がその商品を継続的に利
用してもらうために提案する。

　第2に、ワトソンズとジアレンは多くのブランド商品を販売し、店舗全体
の売上向上を目指しているが、各ブランド商品を中心とする販売方法は適当
ではない。そこでPB商品について、ワトソンズとジアレンは消費者への売
り込みを重視していることに対して、ドクター・プラントは商品品質にこだ
わり、商品の研究開発を重視する。要するに、ドクター・プラントは小売ブ
ランドであり、商品ブランドでもある。商品の品質により、消費者との信頼

第8章　事例研究——薬粧店　135

表8.4　商品戦略においての共通点と相違点

B-Ⅳ （ワトソンズとジアレン）	商品のマーチャンダイジング 低価格戦略 PB商品導入（販売重視）
B-Ⅱ （ドクター・プラント）	専門性強化 PB商品特化（品質重視）

出所：筆者作成。

関係を築くことが、ドクター・プラントをさらに伸ばしていく。

注

1）ワトソンズHPにより筆者作成。

2）ワトソンズHPにより筆者作成。

3）ハチソン・ワンポアのアニュアルレポートにより筆者作成。

4）ワトソンズは立地選択について、立地条件を満たす上で、科学的な分析を行った。

5）馮建軍（2014.1）『解碼屈臣氏』経済管理出版社、pp.282〜287。

6）馮建軍（2014.1）『解碼屈臣氏』経済管理出版社、p.281。

7）ワトソンズHPにより筆者整理。

8）2011年12月にタオバオへ出店、2012年にモバイルショップを開始、2013年8月京東とアマゾンへ出店、同年、ワトソンズの公式サイトも開始した。

9）ネットショッピングへ出店するには、旗艦店、専売店、専営店という3つのタイプがある。そのなかで、旗艦店は最も信頼度が高い出店形態であり、メーカーやブランド所有者が中間業者を排して直接販売するというかたちで経営する。専売店は法人を作らずに、代理店などを立てて販売する際に適用される出店形態である。専営店は複数ブランドの商品を取り扱う出店形態であり、販売代理権が必要ない代わりに、正規のルートから仕入れることを証明しなければならない。

10）2012年4月5日にワトソンズはインターネット上で商品を販売する許可を得た。

11）プライベートブランド（PB）は小売企業・卸売企業が企画し、独自のブランドで販売する商品である。2006年、ACニールセンが広州でワトソンズに来店した約600名の女

性に対して行った調査によれば、ワトソンズに買物に来る理由の一つに、PB商品があげられた。

12) 馮建軍（2014.1）『解碼屈臣氏』経済管理出版社、p.53。

13) 2015年6月2日ワトソンズHPにより統計。PB商品のなかでマスクの価格についての割合は、0〜19.99元3％、20〜49.99元4％、50〜99.99元82％、100〜199元9％、200〜299元1％となる。一方、NB商品の場合は、0〜19.99元10％、20〜49.99元3％、50〜99.99元50％、100〜199元33％、200〜299元3％となる。

14) 馮建軍（2014）『解碼屈臣氏』経済管理出版社、pp.52〜58、p.64。

15) ワトソンズ蒸留水HPにより筆者整理。

16) 馮建軍（2014.1）『解碼屈臣氏』経済管理出版社、p.13。

17) 2015年3月30日、ワトソンズHPによる筆者整理。

18) JETRO（2012.3）『中国化粧品市場調査報告書』。

19) 馮建軍（2014.1）『解碼屈臣氏』経済管理出版社、p.284。

20) 2013年ワトソンズアニュアルレポートにより、ワトソンズグループは現在14ブランドを経営して、世界中において10,500店舗を超えた。

21) Stock Keeping Unitの略で、受発注・在庫管理を行うときの、最小の管理単位を指す。

22) 馮建軍（2014）『解碼屈臣氏』経済管理出版社、p.107。

23) 徐光明、洪婉儀（2014年）「ワトソンズPBブランドの宣伝—スーパーマーケットへの啓示」。

24) 万達グループHPをもとにして筆者作成。109拠点はすでに開業しており、さらに70拠点が建設中である。

25) 万達広場サブウェブでは、ショッピングセンターの店舗案内に重点店舗推薦という表示があって、そのなかでワトソンズはどの階にあるかが示されている。

26) 中糧不動産HPによる。

27) 2010年7月に第一財経日報ニュース「ワトソンズは青島イオン東泰商業と提携」。

28) ここでの次商圏は、主要商圏の近くにある相対的に競争が少ない商圏を指す。

第9章
結論

1．研究成果の総括

　本書は、中国におけるドラッグストアを研究対象にし、発展のダイナミクスという視点から、ドラッグストアを体系的に考察することを目指した。そのために、本書では次のような3つの研究課題、さらに9つの問題を設定した。第1の研究課題として、中国のドラッグストアの歴史的な展開を考察するために、1-1アメリカや日本と比べ、中国のドラッグストアはどんな特徴を持っているのか、1-2中国のドラッグストアはどのように構成されているのか、1-3中国のドラッグストアはどのように形成されてきたのか、1-4中国のドラッグストアを分析するにあたり、どのような枠組みを用いるのかという問題を設定した。

　第2の研究課題として、ドラッグストアの現状を把握するため、2-1ドラッグストアを取巻く市場環境はどのようになっているのか、2-2現段階でドラッグストアの競合関係はどのようになっているのか、2-3競合の主体であるドラッグストア企業は、どのような経営の仕組みを持っているのか、2-4さらに、これらの企業はどのような経営の仕組みを持っているのかという問題を設定した。

　第3の研究課題として、ドラッグストアの将来の発展方向を検討するため、3-1外部環境や消費者需要の変化に対応するために、ドラッグストアはどのような取り組みが求められているのかという問題を設定した。

　以上の研究課題を解明するにあたり、各書において次のように議論を展開してきた。ここでは、各章を要約的に整理しながら、上記の9つの問題とそれぞれに対する分析を整理する。

　中国におけるドラッグストアは、薬店、病院内における薬房と薬粧店など多種多様な存在形態があり、ドラッグストア企業の上位集中度が低いという特徴を持っている。また、ドラッグストアについての規定や定義がなかったため、ドラッグストアに対する実務家や研究者の理解が明確ではない状態である。その点について、中国のドラッグストアに対する再整理がまず求めら

れる。しかし中国のドラッグストアは発展が遅れており、日本やアメリカの
ドラッグストアを模倣して展開してきたことを踏まえるならば、日本とアメ
リカにおける展開プロセスと比較することが重要である。そのため、以下の
分析を進めた。

　第2章で第1の研究課題の1-1を解明するため、まずアメリカと日本の
ドラッグストアの歴史的展開を概観した。それを通じて、アメリカのドラッ
グストアが社会・経済・消費者の変化などに対応して徐々に進化してきたこ
とが分かった。それに対して、日本のドラッグストアはアメリカのドラッグ
ストアの経営方式を模倣することにより日本市場に導入されたという、アメ
リカとは異なる展開プロセスを明らかにした。また、アメリカと日本のド
ラッグストアは、取扱商品のカテゴリー構成において大きく異なっている。
アメリカのドラッグストアでは医薬品、とりわけ調剤薬が中心である一方、
日本のドラッグストアではHBC（ヘルス＆ビューティケア）カテゴリーが
中心となっている。それは、医薬分業という制度面の差異によることが分
かった。

　次に、アメリカと日本のドラッグストアの展開および特徴を比較すること
によって、中国と日本のドラッグストアは薬店、病院内の薬房と薬粧店が共
存していること、HBCカテゴリーを中心とする展開図式だという2点で類
似していることが確認できた。しかしHBCカテゴリーに特化している中国
の薬店と薬粧店は、主要な取扱商品である医薬品と化粧品の割合については、
日本とは異なっている。その相違点を明確にし、日本のドラッグストアの特
徴を理論的に整理するため、日本に関する先行研究のレビューを行った。そ
れにより、次のような3つの相違点を整理した。第1に日本のドラッグスト
ア業態の位置づけと革新性を示した品揃えと利益構造については、中国のド
ラッグストアは適応できないという問題があった。第2にドラッグストア発
展の方向性については、中国のドラッグストアは政策、社会、消費者および
競合関係により、日本のような利便性強化か専門性強化かという単一の方向
に進むことには限らず、一方で、複合型の展開が考えられることも指摘した。
第3に先行研究のなかでは、消費者行動については、中国において「中間所

得層」「80後90後」「高齢者層」など、各集団の消費者が鮮明な特徴を持っているため、消費者を集団ごとに分析することが必要であることも指摘した。

このように中国のドラッグストアと日本のドラッグストアの相違点を3つにまとめた。それぞれについては第3章において新しい分析的枠組みの提示、第4章において消費者および消費者行動の変化、第7章および第8章において事例研究による各社の経営戦略で具体的に考察した。

第3章では第1の研究課題の1-2、1-3の解明を目指して、次の分析を展開した。まずドラッグストア主要機能の変化、実務家と研究者のドラッグストアに対する認識の分岐、また法律面における薬粧化粧品の所属、薬店の化粧品販売に関する規定、各政府部門の薬店に対する捉え方についての不一致、という3つの側面でドラッグストアに対する認識の現状を検討した。

次に、ドラッグストア、薬店、薬粧店の複雑な絡み合いを整理するため、歴史的変遷という観点から薬店と薬粧店それぞれの形成プロセスを考察した。そこでは、歴史的要因が薬店と薬粧店の形成に影響していることが確認できた。そのため、第1の研究課題の1-4に対応して、次のような分析的枠組みを提示する。

すなわち、歴史的形成と品揃えという2つの要素を用い、薬店と薬粧店をさらに4つの象限に分類した。メーカー直営/契約による系列店販売にあたって、薬店と薬粧店それぞれに対応して品揃え幅が狭い象限A-ⅠとB-Ⅰ、品揃え幅が広い象限A-ⅡとB-Ⅱである。また、小売業者による商品の仕入販売にあたって、薬店と薬粧店それぞれに対応して品揃え幅が狭い象限A-ⅢとB-Ⅲ、品揃え幅が広い象限A-ⅣとB-Ⅳである。現実にドラッグストア企業が商品多様化を進めることによって、品揃え幅が狭い象限であるⅠ（A-Ⅰ、B-Ⅰ）とⅢ（A-Ⅲ、B-Ⅲ）はそれぞれ品揃え幅が広い象限のⅡ（A-Ⅱ、B-Ⅱ）とⅣ（A-Ⅳ、B-Ⅳ）に移行する動きがある。そのため本研究はⅡ（A-Ⅱ、B-Ⅱ）とⅣ（A-Ⅳ、B-Ⅳ）を中心に分析することにした。

第4章と第5章では、ドラッグストアを取巻く外部環境に注目した。第4章は、第2の研究課題の2-1を解明するため、社会環境の変化、消費者層、消費者支出と小売業態の変化について分析した。第5章では、政策・制度に

よるドラッグストアの変化を考察した。ここでは、薬店と強く関連している医療保険制度と医薬品流通システムについて詳しく整理した。そのうえで、医療改革および医薬品流通政策などにより、医療機関（病院、病院内における薬房）と薬店との競合関係の変化を明らかにした。すなわち、薬店と病院内の薬房は以前のような競争関係から、病院内の薬房の委託経営により、協力的な関係に変わりつつある。この考察は第2の研究課題の2-2に対応している。

　第6章では、第2の研究課題の2-3を解明するため、ドラッグストアの主要商品分野である医薬品と化粧品をめぐって分析した。医薬品について、医薬品小売市場の推移をみたうえで、医薬品小売市場の一部を構成している薬店企業に着目し、独立型薬店が減少している一方、薬店チェーン企業が増加傾向にあることが確認できた。薬店チェーン企業の展開をみると、探索期、拡張期、経営効率強化期と経営多角化という4つの段階に分けることができた。

　他方、化粧品について、まず化粧品市場の成長は2000年以降化粧品売上総額の拡大により確認できた。そのうち、薬粧化粧品の割合が低く、これから発展する余地が大きいと推測された。そのうえで、薬粧店企業に着目し、事業展開の時期によって、ここでは内資系薬粧店企業と外資系薬粧店企業の展開をそれぞれ考察した。そのうち、メーカー直営/契約による系列店販売にあたるA-ⅠとA-Ⅱの成長が見られた。

　このように薬店チェーン企業と薬粧店チェーン企業の展開を確認したうえで、第3章で提示した分析枠組みを考察するため、これらのチェーン企業のなかでⅡ（A-Ⅱ、B-Ⅱ）とⅣ（A-Ⅳ、B-Ⅳ）にあてはまる企業例をピックアップして、事例研究を進めた。具体的には、薬店チェーン企業について、「2015年薬店チェーン企業上位100社総合実力ランキング」にしたがって、「総合実力」で2位にある雲南一心堂、加盟店を中心として6位にある重慶桐君閣と、メーカー直営/契約による系列店販売に適応する最上位企業21位である北京同仁堂の3社を選定した。一方、薬粧店チェーン企業については、関連する統計データが不足しているため、ここでは、店舗数規模により、外

	中心事業	事業拡大領域	まとめ
A-Ⅱ	自社ブランド構築 事例：同仁堂	品揃え拡大 （健康食品／化粧品）	・ブランド力の発揮 ・品揃え幅の拡大と各分野での専門性強化
A-Ⅳ	医薬品のマーチャンダイジング 事例：一心堂、桐君閣	非医薬品分野へ拡大	・商品のマーチャンダイジングと品揃え幅の拡大 ・専門性の維持と利便性の向上

出所：筆者作成。

図9.1　薬店チェーン企業3社の比較

資系のワトソンズと内資系のジアレンを選定した。また、メーカー直営／契約による系列店販売として成長してきた薬粧店チェーン企業のなかでは、ドクター・プラントの店舗数が最も多いことによって、事例研究の対象として選定した。

　第7章と第8章はそれぞれ薬店と薬粧店において事例研究を行った。それにより、第2研究課題2-4であるドラッグストア企業の経営戦略の特徴を明らかにした一方で、第3研究課題3-1にも触れた。第7章では、まず北京同仁堂（A-Ⅱ）、雲南一心堂（A-Ⅳ）と重慶桐君閣（A-Ⅳ）それぞれの発展経緯と経営戦略を考察した。その結果は図9.1で示す通りである。すなわち、一心堂と桐君閣は医薬品の仕入販売を中心事業としているため、主要商品分野においてマーチャンダイジングを行っている。他方、非医薬品分野について、売上高構成比からみると、2社とも非医薬品分野の割合が低かったが、非医薬品分野においての品揃え拡大が見られていることから、一心堂と桐君閣に代表される薬店は専門性を維持すると同時に、非医薬品分野に進出し、買物の便利さを追求していることが分かった。

　他方、同仁堂は医薬品の生産から販売まで従事しているため、自社ブランドの構築を中心的課題として取り組んでいる。漢方薬の医薬品ブランドとして立ち上げられた同仁堂は、そのブランド力を活かし、関連商品分野の健康食品や化粧品まで品揃えを拡大している。そのため、同仁堂（A-Ⅱ）と一心堂（A-Ⅳ）、桐君閣（A-Ⅳ）との最大の差異は自社ブランドへの注力と

第9章　結論　143

	中心事業	事業拡大領域	まとめ
B-Ⅱ	自社ブランド構築 事例：ドクター・プラント	品揃え拡大（パーソ ナルケア商品）	・ ブランド力の発揮 ・ 品揃え幅の拡大 ・ 顧客関係構築
B-Ⅳ	化粧品／パーソナルケア商品な どのマーチャンダイジング 事例：ワトソンズ、ジアレン	自社ブランド	・ 商品のマーチャンダイジング ・ PB商品開発 ・ 低価格戦略（規模の経済）

出所：筆者作成。

図9.2　薬粧店チェーン企業3社の比較

品揃えの充実による専門性強化という点である。

　第8章では、北京ドクター・プラント（B-Ⅱ）、香港ワトソンズ（B-Ⅳ）と広東ジアレン（B-Ⅳ）の3社の発展経緯と経営戦略を考察した。図9.2で示すように、ワトソンズとジアレンは化粧品やパーソナルケア商品などを中心とし、商品の仕入販売にかかわるマーチャンダイジングという中心事業を行っている。それと同時に、規模の経済を追求するために、低価格戦略により店舗網の拡大を重視している。また、価格競争を勝ち抜くため、PB商品開発にも取り組んでいる。2社とも化粧品分野においてPB商品を開発する一方、独自の商品分野でのPB商品を開発することで差別化を図っている。たとえば、ワトソンズの蒸留水とジアレンのティッシュペーパーである。

　他方、ドクター・プラントに代表されるⅡにおいては、自社ブランドの構築を重視している。とくに、既存のカテゴリーにおいてブランドを育成し、さらに品揃えを拡大させていく。ブランドを構築する際に、顧客との関係づくりが重要である点も特徴としてあげられる。

　以上を踏まえて、本章では第3研究課題に対応しながら、次のような結論を主張したい。新しい分析的枠組みにしたがって、薬店と薬粧店それぞれをめぐって考察する一方、ⅡとⅣ象限による分析も必要である。なぜなら、国の政策面での支持、企業実務面での行動、さらに消費者が健康志向への関心などにより、薬店の取扱商品は薬粧店と次第に類似していく動きが強まるからである。こうした状況により、薬店と薬粧店についての分析だけでは論拠

	共通点	相違点
Ⅱ （A-Ⅱ と B-Ⅱ）	・ ブランド構築、ブランド発揮 ・ 主力商品分野の専門性 ・ 品揃え拡大	マーケティング活動の重点 ・ 薬店：ブランド宣伝 ・ 薬粧店：顧客関係構築
Ⅳ （A-Ⅳ と B-Ⅳ）	・ 商品のマーチャンダイジング	マーケティング活動の重点 ・ 薬店：品揃え拡大、顧客関係構築 ・ 薬粧店：PB 商品開発

出所：筆者作成。

図9.3　Ⅱ（A-Ⅱ、B-Ⅱ）とⅣ（A-Ⅳ、B-Ⅳ）の比較

が弱くなると考えられる。

　そのため、ここではⅡ（A-Ⅱ、B-Ⅱ）とⅣ（A-Ⅳ、B-Ⅳ）の共通点と相違点を検討し、それは図9.3のようになった。Ⅱにあたっては、ブランドの構築およびブランド力の発揮が重要である。それにより、専門性を強化している。一方、マーケティング戦略において、薬店は主要商品分野以外に進出する際に、ブランドの宣伝およびブランドに対する消費者認識の転換が必要となる。それに対して、薬粧店は自社ブランドに集中すると同時に、いかにリピート購買を実現させるかということ、つまり顧客と長期的な信頼関係を築くことがより重要となる。

　他方、Ⅳにあたっては、薬店と薬粧店両方とも商品のマーチャンダイジングを注力しているが、マーケティング戦略において、薬店は非医薬品分野に参入するとともに、専門性を維持することにより、顧客関係の構築がより重要になる。それに対して、薬粧店は低価格戦略から脱して、PB商品開発による差別化が重要である。

　こうしてみると、現時点では統括的な確認点として、次のようなことが言える。すなわち、中国のドラッグストアはまだ発展段階にあり、現段階では薬店と薬粧店という異なる店舗形態が共存している。それは歴史的形成、外部環境および政策の影響によるものである。こうした背景に基づく新しい分析的枠組みは、薬店と薬粧店の形成プロセス、現状および今後の展望を考察するにあたり、適応性が高いと考えている。

2．本研究の貢献

　本研究の貢献として次の4点があげられる。

　第1に、中国のドラッグストアについて体系的に整理したことである。中国ドラッグストアに対する学術レベルの研究がほとんどされなかったため、本書は現段階におけるドラッグストアに関する議論と違いを整理したうえで、歴史的要因に触れながら、ドラッグストア、薬店、薬粧店にかかわる各店舗形態の関連性を分析した。それにより、中国におけるドラッグストアの枠組みと形成を明らかにし、研究の隙間を埋めることができたといえる。

　第2に、中国におけるドラッグストアの独自性を解明したことである。本書では比較の観点から、アメリカと日本のドラッグストアを考察した。それによって、アメリカと日本のドラッグストアが異なる業態フォーマットを有していることを明らかにした一方、中国のドラッグストアは日本のドラッグストアと類似しているものの、いくつかの相違点があることも判明した。そこでは、アメリカや日本のドラッグストアを模倣した中国のドラッグストアが、その後独自の展開をしてきたことがはっきりした。

　第3に、新しい分析枠組みを提示したことである。日本のドラッグストアを分析するにあたり、用いられた商品構成と利益構造の分析枠組みは中国のドラッグストアを分析するには適切ではないという問題があった。そのため本書で歴史概観と現状分析を総合的に行ったうえで、歴史形成および品揃え幅という2つの要素を用い、薬店と薬粧店それぞれを4つの象限に分けた。それにより、中国のドラッグストアを考察するとき、薬店と薬粧店という分類のみならず、ⅡとⅣ象限により分析も可能であるという新たな視点を与えることができた。

　第4に、新しい分析枠組みにしたがって、上で述べたように、ⅡとⅣである企業の経営戦略における特徴を明らかにしたことである。それは、ドラッグストア企業にとって実践的な示唆を与えることができたといえる。

　以上のように、本書で提示した新しい分析枠組みは、今後中国のドラッグ

ストアにかかわる研究にも有効に活用することができるのではないかと思われる。

3. 本研究の限界と今後の課題

[1] 本研究の限界

　本書において残されていると思われるいくつかの限界と課題について考えてみる。具体的に、以下のような点について十分に検討することができなかったことが限界としてあげられる。

　第1に、中国のドラッグストアを研究するための理論研究が足りないという問題がある。本研究は、これまで中国のドラッグストアに関する研究がほとんどされなかったという点も含め、理論研究については日本のドラッグストアに関する先行研究にとどまった。しかし、ドラッグストアが小売フォーマットの1つとして小売業態革新という視点からの研究も必要である。とくに中国のドラッグストアの形成プロセスを検討する際に、海外から導入されたという点で、小売業態の国際移転、イノベーション理論に対する理論研究に触れることができなかった。また、研究のなかで事例研究という方法を採用したが、分析にあたって経営戦略についての理論研究が足りなかった。これらについては、今後の課題として進めていきたい。

　第2に、本書では6つの事例を取り上げたが、これらの事例はドラッグストア企業全体を正確に反映しているとは必ずしも言えない。今後の課題として、さらに分析結果を一般化するため、本研究で提示した新しい分析枠組みにしたがって、同じく象限に適応する他の企業についての追加研究が必要であると考えられる。

　また、事例研究にあたり、社内資料、新聞記事、実務家や研究者による資料という二次データが多かったため、そのために客観性に欠ける恐れがあることも限界の要因である。それについては、今後これらの対象企業に対する訪問調査や経営管理層に対するインタビューという一次データの収集を行うことを考えている。

第9章　結論　147

　今後は、これらの点についてより検討を深めたうえで、分析を洗練させ、研究を進めたいと考えている。

［2］　中国ドラッグストア業界についての展望

　最後に、中国ドラッグストアについては、次のような動向が見られている。まず、品揃え幅の広さが店舗種類によって異なっている。とくに薬店については、指定薬店（第5章参照）が医薬品分野の強化により専門性が向上している一方で、一般薬店が商品多様化によって専門性を重視すると同時に、利便性と付加価値の提供を強化している。

　図9.4は2011年から2014年の中国医薬品小売市場（薬店）各品目売上推移である。そこでは、医薬品（化学薬、中薬剤製薬、中薬剤煎薬）が占める割合は持続的に増加しており、2014年に78.3％になった。同時に増加したのは医療機器であった。一方、健康食品（食品）と日用品が減少し、化粧品はほぼ横ばいになっていた。つまり、薬店で取扱商品カテゴリーは主要商品分野である医薬品に集約していることが分かる。これらの特徴は、商品多様化促進政策、また薬店チェーン企業の商品カテゴリー拡大行動などと矛盾しているように見えるが、指定薬店の成長に強く関連していると考えられる。その理由として次のようなことがあげられる。

　2015年に、国務院は「中央指定　地方実施行政審査62項目を取り消す決定」を公表した（第5章参照）。そのなかで、指定薬店と指定医療機関の資格審査を取り消す方針を明らかにした。それにより、指定薬店の数は大幅に増加している。実際に、北京地域にある指定薬店を見てみると、2015年7月に北京にある5,233薬店のうち、指定薬店は98店（1.9％）しかなかったが、2017年5月に、新しい指定薬店は1,000店舗を増加し、薬店の約17％を占めていた。こうした指定薬店の店舗数が増加していることは、薬店の医薬品分野の拡大に影響していると考えられる。

　また、指定薬店において、「指定医薬品」は医療保険カードの支払い対象に入っていて、非医薬品は医療保険カードを使えないという状況になっている。それによって、競争上では指定薬店は一般薬店を排除し、指定医薬品を

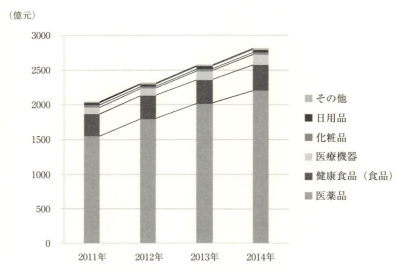

出所：中康CMH「2014年中国医薬品小売市場核心データ」に基づいて筆者作成

図9.4 中国医薬品小売市場（薬店）各品目売上推移（2011～2014年）

購入しようとする消費者を確保する優位性を持っている。その一方，指定薬店で指定医薬品以外の商品を販売する際に、取扱商品からみると、指定薬店と一般薬店との差異はほとんどないため、指定薬店でなければできない優位性がなくなった。こうした状況で、指定薬店は取扱商品カテゴリーの縮小・専門性の強調に進むことになる。つまり、指定薬店は医薬品分野において指定医薬品の取扱を拡大させる際に、「非指定医薬品」や付加サービスを提供していくことが売上と利益の確保に有効である。

一方、一般薬店は競争により、医薬品から得る利益が減少しつつあるため、非医薬品分野への参入に積極的である。2011年の「綱要」が公表されて以来、薬店企業が商品多様化を進めている。これらの薬店企業の商品分野は医薬品から、健康な生活の維持にかかわる健康食品や薬粧化粧品、マタニティー・ベビー商品などまで拡大している。2013年12月に、中国薬店発展促進会と広東省保健食品業界協会は、薬店商品多様化経営革新フォーラムを開催した。

フォーラムでは、多くの薬店企業が登録し、非医薬品聯盟（CPNDL, Chinese Pharmacy non Drug League）という全国ボランタリーチェーン組織を設立した。非医薬品聯盟の役割は、登録されている薬店企業の注文をまとめて、非医薬品流通企業などから、非医薬品を統一的に仕入れることである。それによって、薬店の商品多様化を促進させ、経営効率向上を目指している。

　一般薬店は非医薬品分野に注力するとともに、医薬品関連サービスの提供も重視しつつある。とくに、近年、単純に医薬品販売のビジネスモデルから家庭に健康ソリューションを提案するワンストップサービスのビジネスモデル、いわゆる「大健康ビジネスモデル」が推進されている。一般薬店は医薬品を販売すると同時に、有している医療資源を生かして、サービスの提供を通じて、付加価値を高める。たとえば、駐在している医師が顧客に健康診断や健康コンサルティングサービスを提供することである。

　法律面については、医薬品の特殊性により、医薬品流通チャネルが国の政策に強く影響される。薬店（指定薬店と一般薬店両方）の場合は、非医薬品の販売が一部許可されているが、販売についての制限が多い。たとえば、2007年に医薬品監督管理局が医薬品販売企業の経営を強化するため、医薬品小売企業が売り場を貸すことを禁じるとともに、健康食品や化粧品などの商品が医薬品と明確に区別して販売されなければならないと規定した。また、多くの地域において、薬店が取扱商品のなかで、非医薬品カテゴリーを店舗面積の30％以内に収めるという薬店の管理政策が2011年から実行されている。要するに、薬店の非医薬品分野への拡大に限界があり、短期間で薬店が商品多様化を行うことは困難である。そのため、既存薬店の間に、マーチャンダイジングの強化、経営効率の改善、付加価値の向上などの側面においての競争がさらに激しくなることが考えられる。

　次に、販売活動の中心は商品の販売と売上の追求から、顧客需要の満足、生涯購買の実現へと変わりつつある。従来、薬店も薬粧店も、商品をめぐって販売活動を行うが、競争の激化により、薬店と薬粧店はリピート購買を喚起するため、顧客と長期的な信頼関係を築くことが重要になってきている。

こうしたなかで、販売のターゲットは商品から顧客へ移行している。1人の顧客に対して、健康生活を維持するための関連商品を全般的に提供するようになる。薬店の場合は、医薬品を中心に取扱っており、病院内の薬房を補完して医薬品流通の担い手となっている。とくに、近年、高齢化の進展に伴い、高齢人口の増加が顕著であり、薬店の顧客層は高齢者層に偏っている。高齢化問題に対応するため、政府が社区医療、社区養老、在宅養老などの対策を推進している。それを支える社区診療所と薬店が重要な役割を果たしている。こうした背景で、薬店の販売ターゲットは疾病を治療するための医薬品を販売し、売上を高めることから、顧客の健康を維持するため、日常的に疾病の予防、さらに栄養を補充する健康食品や、「薬食同源」[1] 商品に移行している。さらに、顧客との長期的な信頼関係を構築し、生涯購買を推進するため、商品だけではなく、健康相談や無料診断などのようなサービスを提供する。つまり、顧客の需要を満足させるような販売活動を行うようになった。

　一方、薬粧店の場合は、化粧品を中心に取扱い、ターゲット層は若者に集中している。近年、薬粧店が規模拡大を追求し、店舗数を増やす一方で、いかに消費者を吸引してリピート購買を喚起するかに取り組んでいる。それについては、化粧品を販売する際に、単に単価が高い商品を販売したり、商品をできるだけ多く販売したりするのみならず、顧客の肌の質に対して適切な商品を推奨するようになる。つまり、販売ターゲットは商品から顧客中心になっている。こうした状況で、薬粧店は商品をめぐる価格競争から、サービス提供および顧客満足向上をめぐる競争に変わってくる。たとえば、多くの薬粧店はアドバイザーやオペレーターを教育し、専門知識を活かして顧客にカスタマイズサービスを提供している。このように、顧客の肌の状況やこだわりなどを把握することによって、顧客と長期的な信頼関係をつくる。

　最後に、市場経済の進展と医療改革の推進により、競争の多様化がさらに進むことが考えられる。薬店は競争から脱出するため、品揃え構成に取り組む一方で、ビジネスモデルの革新にも注力している。従来の薬店は国営企業に集中していたが、市場経済の進展と医療改革の推進により、民営企業の展開が加速している。それにつれて、薬店間競争のあり方が多様的になってい

る。それについては、次の4つの動きが見られている。

　1つ目は、一般薬店取扱商品の多様化について3-1ですでに記述したため、ここで繰り返さないことにする。2つ目は、「専科薬店」の成長である。一般薬店商品の多様化と異なって、ある疾病に対する医薬品を販売する専門性の高い専科薬店が相次いで現れている。たとえば糖尿病について、2011年から、山東拝廷医薬連鎖有限公司（以下、拝廷医薬）は「糖尿病生活館」を展開して、2020年までに全国300社以上の薬店チェーン企業と提携し、20,000店の糖尿病生活館と30軒の拝廷糖尿病病院/治療センターを開設するという計画を立てている。実際に、2012年に、拝廷医薬はすでに新疆普済堂薬店、湖南千金薬店、広西一心薬房と提携して、それぞれ59店、30店、30店を開設した。3つ目は、DTP（Direct To Patient）薬店の推進である。DTPとは、製薬企業や薬店企業が直接に消費者に医薬品を販売するビジネスモデルである。DTP薬店がほかの薬店と最も異なるところは、取り扱っている医薬品が処方箋によるということである。現在、DTP薬店を開設する企業は製薬企業、薬店チェーン企業および一部の電子商取引企業である。4つ目は、中医薬店（漢方薬店）である。2014年医薬品小売市場（薬店）の売上からみると、中薬剤製薬と中薬剤煎薬の売上金額は薬店売上全体の40.8%、さらに医薬品（化学薬、中薬剤製薬、中薬剤煎薬）売上の52.1%という高い割合を占めていた[2]。近年、中医文化の推進によって、中医薬店はさらに拡大する傾向がある。

　また、薬粧店についても、競争の激化によって、薬粧店企業間の競争は多様化している。従来低価格を積極的に実行した薬粧店企業は、PB商品を開発し、差別化を図るようになった。とくに、「精品店」[3]が消費者に好かれている背景に、PB商品をメインにして、PBブランド店を開店する薬粧店企業は多くなってきている。たとえば、第8章で提示した内資系薬粧店企業ジアレンは「婷美小屋」、「植物日記」と「Minilab」の3つのPBブランド店を開設した。その一方で、地域展開を中心とする薬粧店企業は、魅力的な店舗づくりに力を入れている。

　その一方、中国のドラッグストアは次の2つの新しい課題に直面している。

1つ目は、技術革新によるインターネットショッピングの普及、およびそれがリアル店舗にもたらす刺激である。とくに、ネットショッピング市場の急拡大という背景にあって、リアル店舗（薬店と薬粧店）は積極的にインターネットを利用し、販売チャネルを拡大している。たとえば、ネットショッピング・プラットフォームに出店したり、公式サイトを開設したり、専用アプリを開発してオンライン・コンサルティング・サービスを提供したりしている。一方で、有力なネット企業はリアル店舗に参入し、医薬品分野や化粧品分野を手掛けることも少なくない。こうした状況にリアル店舗がいかに対応していくかが重要になってきている。

2つ目は、グローバル化によって、中国の消費者は海外で商品を大量に購入することである。とくに、近年話題になったのは日本のドラッグストアにおいての「爆買い」である。購入された商品は化粧品や医薬品に集中している。それは、中国の薬店と薬粧店に大きな打撃を与える一方で、その背後にある問題を追究する必要がある。つまり、薬店と薬粧店は海外にある見えないライバルに対して、いかに経営戦略や販売行動を見直すかが重要な課題になっている。

注

1）薬食同源とは植物や食品は漢方薬として利用される一方で，食品として食べられる。薬食同源商品を日常的に食べると，体に有益である。

2）中康CMH「2014年中国医薬品小売市場核心データ」による。

3）精品店は店舗面積が小さく，ある商品分野を中心に取扱い，商品がより精緻であり，値段がより高い店舗である。時により，プレミアム店舗と呼ぶこともある。

参考文献

書籍

石川和男（2016）『小売フォーマットと企業戦略』『専修商学論集』巻103

稲田賢次（2002）「小売業の「業態」概念に関する一考察―小売ミックスにおける「業態」の捉え方と課題―」『龍谷大学経営学論集』42(2)

渦原実男（2011）「小売マーケティングの概念の研究」『商学論集』58巻2号

渦原実男（2012）「小売業態展開とイノベーションの理論的研究」『商学論集』58巻4号

于德志（2005）「病院外来受診薬房と小売薬店の医薬品価格・品目の比較」『中国衛生資源』第8巻第2期

袁麗暉（2014）「中国の医療保険制度における医療格差問題」『山口経済学雑誌』第59巻第1・2号

小原博（2005）『日本流通マーケティング史』（第4章流通支配・再販の編成と変容）中央経済社

小原博（2012）『アメリカ・マーケティングの生成』中央経済社

片野浩一（2014）「小売業態フォーマットの漸進的イノベーションと持続的競争優位―クイーンズ伊勢丹の事例研究に基づいて」『流通研究』第17巻第1号

郭春麗　国家発展改革委員会経済所研究員（2013）「我国医薬品生産流通体制現状および問題」『経済学家』

加藤司（1998）「日本的小売業態の分析枠組み」『経営研究』第49巻第2号

兼村栄哲（1992）「小売業態の生起・発展に関する理論仮説の再検討―小売業態の類型化を前提として」『早稲田社会システム学紀要』

柯麗華（2005）「小売業態の発展に関する比較研究：中国におけるスーパーマーケット及びコンビニエンス・ストア業態を中心として」愛知大学博士論文甲第21号

金亨洙（1998）「小売業の国際化の概念と小売ノウハウの国際的移動の一考察」『中央大学企業研究所年報』19巻

金光洙（2016）「中国の高齢化の要因と経済的影響」『現代社会文化研究』No.62

屈雲波（2008）『中国化粧品ターミナル変革』企業管理出版

駒木伸比古（2012）「日本におけるドラッグストアの成長と再編成に関する一考察」『地域政治学ジャーナル』第1巻第1号

重富貴子・加藤弘之（2016）「消費者視点によるドラッグストア店舗施策の再検討 —ドラッグストアに求められる機能とベネフィット—」『流通情報』（521）

重富貴子（2014）「ドラッグストア業態の商品構成に見る市場戦略と、収益性強化の方向性分析—ドラッグストア業態の課題と展望—」『流通情報』（506）

島永嵩子（2009）「専門量販店の革新性とその変容—ドラッグストア業態に焦点を当てて」向山雅夫・石井淳蔵編集『小売業の業態革新』中央経済社

清水滋（1982）『小売業のマーケティング』ビジネス社

清水聰（2004）『消費者視点の小売戦略』千倉書房

謝建裕（2012）『薬粧店実戦パンフレット-新業態である薬粧店の経営革新』化学工業出版社

周嵩（2005）「ドラッグストアにおける業態革新—マツモトキヨシの事例を通じて」『神戸学院大学経営学論集』1(2)

商業界（2001）「ドラッグストアすべてがわかる本」『販売革新』2001年8月号臨時増刊号

肖子英（1992）『中国薬粧化粧品』中国医学科技出版社

鈴木敏仁（解説）（2014）「ドラッグストア」『Chain Store Age』

鈴木安昭（1993）「小売技術の国際的移転」『流通政策』

鈴木安昭・田村正紀（1980）『商業論』有斐閣

鈴木豊（1992）「日本における新小売業態成立の可能性」『RIRI流通産業』流通産業研究所、第24巻第6号

鈴木雄高（2014）「ドラッグストアにおける購買者の来店動機に着目した購買特性分析および品揃えに関する検討」『流通情報』（508）

孫維維・渡辺達朗（2016）「中国における医療保険制度と医薬品流通改革—医薬品流通政策と流通システムの変革を中心に」『流通情報』No.521

孫維維（2015）「中国におけるドラッグストア研究—事例研究：ワトソンズの成長要因に関する考察」『商学研究所報』第47巻第2号

孫維維（2017）「中国におけるドラッグストアの展開と特徴」『日本商業学会第67回全国研究大会報告論集』

孫維維（2017）「中国現代小売業の展開と消費社会の変化—ドラッグストアを中心に」『商学研究所報』第48巻第5号

孫維維（2018）「中国ドラッグストアの発展について—多様な競争に対応するための薬店と薬粧店の動向と課題—」『専修ビジネスレビュー』Vol.13 No.1

参考文献　155

財部誠一（2004）「激動期に突入したドラッグストア業界」『ハーベイロード・ジャパン』377号

田島義博（1990）『流通機構の話（第26版）』日本経済新聞社

田村正紀（2006）『リサーチ・デザイン：経営知識創造の基本技術』白桃書房

田村正紀（2008）『業態の盛衰』千倉書房

中国医薬商業学会（2015）『中国医薬品流通業界発展報告』社会科学文献出版社

趙曄（2009）「中国における小売業の発展の社会・経済的背景と特徴」『現代社会文化研究』No.46

張声書、佐伯弘治（1998）『中国現代物流研究』中国物資出版社

張複強（2001）「中国化粧品業界の現状と未来」『日用化学品科学』第24巻第 2 期

沈其霖（2005）「受診難、高額受診問題についての成因分析」『中国漢方医薬報』、第2390期

鶴田祐二（2012）「中国のヘルスケア市場の動向と日系企業の事業機会」『知的資産創造』

濱本幸宏（2000）「医薬分業と消費者」『日本消費経済学会年報』第22集

原田忠夫（1995）『中国における生産財流通—商品と機構』アジア経済研究所

馮建軍（2014）『解碼屈臣氏』経済管理出版社

マーケティング史研究会（2014）『日本企業のアジア・マーケティング戦略　第 4 章化粧品企業』同文館出版

松浦良高（2008）『新・中国若者マーケット—ターゲットは80後』弘文堂

松村清（1993）『米国ドラッグストア研究』商業界

松村清（2009）「歴史検証ウォールグリーン「コンビニエンス」戦略」『コンビニ』第12巻第 7 号

松村清（2010）『ドラッグストアの動向とカラクリがよくわかる本』秀和システム

松村清（2012）「アメリカドラッグストア最新事情」『販売革新』

三浦有史（2009）「中国の医療格差と医療制度改革—経済成長の持続性を問う—」『環太平洋ビジネス情報』RIM、Vol.9 No.33

三村優美子（2014）「日本的小売業態の成立と展開」『青山経営論集』第49巻第 3 号、

宗像守（2008）『ドラッグストアの常識　基層編』商業界

本藤貴康（2006）「ドラッグストア業態におけるビジネスモデル・パラダイムの変化」『横浜商科大学紀要』横浜商科大学紀要　9 、345-366

本藤貴康（2007）「チャネル構造変化と卸売業の存立基盤—ドラッグストアの伸張

とHBC流通に焦点をあてて」『東京経大学会誌　経営学』（254）

八木三木男（2008）「日本企業の対中国進出」京都産業大学中国経済プロジェクト 京都産業大学 ORC Discussion Paper シリーズ

矢作敏行（1981）『現代小売商業の革新―流通革命以降―』日本経済新聞社

矢作敏行（1997）『小売イノベーションの源泉』日本経済新聞社

柳笛（2011）「中国薬店業界の発展方向と日本薬粧店モデル」『経営管理者』

楊暁栄（1996）「国内外社会薬房の歴史と現状」『中国薬房』第7巻第1期

楊陽（2015）『変化する中国の小売業―小売業態の発展プロセス―』専修大学出版局

李従選、李秉彧（2010）『薬粧店営銷策略』化学工業出版社

渡辺達朗（2013）『中国流通のダイナミズム―内需拡大期における内資系企業と外資系企業の競争』白桃書房

渡辺達朗（2015）『中国・東南アジアにおける流通・マーケティング革新―内なるグローバリゼーションのもとでの市場と競争―』白桃書房

渡辺達朗（2016）『流通政策入門　市場・政府・社会』（第4版）中央経済社

吉田雅司（2005）「ヘルスケア産業の地図を塗り替える日本最大のドラッグストア」『企業トップが語る「医療・ヘルスケア」ビジネス最前線』かんき出版

インターネット資料

アジア開発銀行（2010）「アジアと太平洋地域2010年重要指標」（http://www.adb. org/zh/news/broader-view-poverty-underscores-critical-long-term-challenge-adb）

医薬経済新聞（2016年8月19日）「2015～2016年度中国連鎖薬店総合実力直営力百強ランキング」（http://www.askci.com/news/dxf/20160902/20575059274.shtml）

医薬品価格315網ニュース（2010年6月9日）「北京六千薬店のなか医療保険指定99店のみ」（https://www.315jiage.cn/html/c42/51751.htm）

『医薬品流通業界研究報告』（2014年10月）（http://www.doc88.com/p-70854 89799788.html）

医薬網ニュース（2015.3.13）「2014年中国医薬品小売市場経済データ一覧表」（http://news.pharmnet.com.cn/news/2015/03/13/416152.html）

ウォルグリーンHP（www.walgreens.com/）

エイトセンス株式会社（2013.2.19）「中国小売業の最新動向―ワトソンズ、1000店突破の成功要因とは」『daily cosmetics news』

易捷海通、北京社会保険サービス会社、指定薬店検索による（2016年2月時点）
（http://www.ejdbs.com/ddyd/ddydlist.asp）

央視網ニュース（2015月5月21日）「変革の道-中国医療改革30年見直し」（http://
news.cntv.cn/special/yltzgg/bg/index.shtml）

経済参考報ニュース（2016年4月29日）「29社医薬品上場企業は薬房委託経営を着
手」（http://www.ce.cn/cysc/sp/info/201604/29/t20160429_11039214.shtml）

健康界ニュース（2017年4月25日）「北京社区薬房を取消 新しい医薬品指定薬店
1000店 増 」（http://www.cn-healthcare.com/article/20170425/content-
491729.html）

紅商網ニュース（2016年5月29日）「2015年中国化粧品連鎖200強」（http://www.
redsh.com/a/20160529/140502.shtml）

『厚生労働白書』平成23年版（www.mhlw.go.jp/wp/hakusyo/kousei/11/dl/01-02.
pdf）

郷裕・劉芳（2016）「小売業を超越した中国オムニチャネル経済圏の形成―中国商
業十大ホットイシュー2016―」第234回NRIメディアフォーラム、野村総合研究
所（https://www.nri.com/jp/event/mediaforum/2016/pdf/forum234.pdf）

国家食品医薬品監督管理局（www.sfda.gov.cn/WS01/CL0001/）

国家統計局（www.stats.gov.cn/）

薛栄久（2009年3月28日）「中国小売業対外開放」中華人民共和国商務部（cwto.
mofcom.gov.cn/accessory/200909/1253839832011.pdf）

週刊粧業（2013年2月19日）「中国における薬粧化粧品（薬用化粧品）市場の現
状」（http://www.syogyo.jp/news/2013/02/post_005459）

商務部（2011年5月5日）『全国医薬品流通業発展規劃綱要（2011-2015年）』
（http://www.mofcom.gov.cn/aarticle/ae/ai/201105/20110507534948.html）

蒋明軍（2015年1月14日）「80後90後の大学生価値観変化の原因及び教育対策研
究」第一文庫（www.wenku1.com/view/7782FA5D56D8599B.html）

徐光明、洪婉儀（2014年5月）「ワトソンズPBブランドの宣伝―スーパーマーケッ
トへの啓示」『第六回経済学年会論文 ミクロ経済領域』（https://wenku.baidu.
com/view/99a16342a8956bec0975e35c.html）

新卒網ニュース（2015年10月20日）「医療指定薬店審査の取消により2016年以降指
定薬店の数は倍増」（http://shebao.yjbys.com/yiliao/292385.html）

人民網ニュース（2006年9月26日）「中国新中間階層生活調査」（http://finance.

people.com.cn/GB/1045/4857944.html）

人民網ニュース（2013年5月9日）「青年の価値観調査」『態度』第三期（http://www.people.com.cn/n/2013/0506/c347407-21382834.html）

人民網ニュース（2013年5月9日）「青年の価値観調査」調査コラム『態度』（http://www.people.com.cn/n/2013/0509/c347407-21427078.html）

人民網ニュース（2015年8月4日）「北京新しい医薬品指定機関277軒増 合計2200軒」（http://bj.people.com.cn/n/2015/0804/c82840-25843089.html）

第一財経日報ニュース（2015年7年21日）「医療指定医薬品カタログ更新で大調整 OTCは段階的に医薬品カタログに載せられなくなる」（http://insurance.hexun.com/2015-07-21/177706288.html）

中国業界研究網ニュース（2013年10月12日）「2013年中国高齢消費者権利保護調査」（www.chinairn.com/news/20131012/162516864.html）

中国産業協会商会（www.fctacc.org/default.aspx）

中国産業情報ニュース（2013年2月27日）「2011年国内化粧品市場構造分析」（http://www.chyxx.com/industry/201302/194716.html）

中国産業情報ニュース（2013年4月1日）「2013年中国薬粧市場への見通し」（http://www.chyxx.com/industry/201304/197897.html）

中国産業情報網（2016年11月9日）ニュース「2016年中国化粧品業界の現状、将来の発展傾向および業界の発展見通し」（www.chyxx.com/industry/201611/465463.html）

中国制药网「2017年北京医薬品指定薬店店舗数大規模拡大」（http://www.zyzhan.com/news/Detail/62258.html）

中国製薬機械設備網ニュース（2013年8月22日）「薬房委託経営方式多様 政策は企業参与を支持」（www.360doc.com/content/14/0319/10/ 16345398_361804813.shtml）

中国無形文化遺産網（http://chinaich.mobi/350/15674/351964/5365122/content.html）

中国網中国視窓ニュース（2016年5月12日）「ヴィシーの良さ―中国における展開」斉魯夕刊（zgsc.china.com.cn/zxun/zhzx/2016-05-12/499554.html）

中国薬店ニュース（2012年11月27日）「拜廷糖尿病生活館の千店計画」（http://www.ydzz.com/news.php?col=66&file=37441）

中財網ニュース（2017年6月18日）「医薬業界評論：両票制における医薬品流通業

界運営状況：加速展開　集中度上昇　チェーン化率上昇」（http://www.cfi.net.cn/
　　p20170618000159.html）

中商情報網（2014年 6 月26日）「2013年中国医薬品流通業界発展概況分析」（www.
　　askci.com/news/201406/26/261592841109.shtml）

中商情報網ニュース（2016年 6 月20日）「2015年七大類医薬品売上のなか漢方薬類
　　売上割合は74.2%」（http://www.askci.com/news/dxf/20160620/11074631121.
　　shtml）

中商情報網ニュース（2017年 1 月20日）「2016年全国化粧品小売額 2 、222億元　同
　　期比8.3%」（www.askci.com/news/dxf/20170120/18321888681.shtml）

中証網ニュース（2015年 9 月 7 日）「上場薬店チェーンは買収の戦争へ」（www.
　　cs.com.cn/ssgs/gsxw/201509/t20150907_4792271.html）

中糧不動産HP（www.cofco.com/cn/BrandProduct/COFCOLand/）

趙安琪（2011）「館　理糖尿病」『中国薬店』第125期（http://www.ydzz.com/zgyd.
　　php?col=30&file=24790）

鄭莉麗（2014年 6 月21日）「我国薬房委託モデルに関する追跡と分析」（https://
　　wenku.baidu.com/view/5323dceb960590c69ec37661.html）

『ドラッグストア経営統計』2004年（www.hci.co.jp）

南方網ニュース（2010．7 .26）「ワトソンズは青島イオン東泰商業と提携」（http://
　　finance.southcn.com/f/2010-05/27/content_12312740.htm）

野村総合研究所（上海）有限公司「生き残りをかけた戦いが始まる中国流通業〜中
　　国商業十大ホットイシュー2014〜」第208回NRIメディアフォーラム（https://
　　www.nri.com/jp/event/mediaforum/2014/pdf/forum208.pdf）

北京華旭証信（2012年 3 月12日）「ワトソンズPB専門店の行方」華旭証信新聞
　　（http://huaip.com/news/html/?79.html）

北京同仁堂化粧品HP（www.tongrentanghzp.com/）

北京薬学（2015年11月 4 日）「薬店数最も多い十省」（www.pha-bj.org/_CMS/
　　View.aspx?id=4071）

本草舗ニュース（2015年 9 月30日）「薬食同源食品カタログ2016」（http://www.
　　bencaopu.com/article-1375.html）

マッキンゼー社（2012年 5 月 2 日）「2020年の中国の消費者と会おう」McKinsey
　　Consumer & Shopper Insights（www.199it.com/archives/ 37573.html）

松村清（2013年 9 月）「高まるドラッグストアにおける食品の重要性」ドラッグス

トア研究会（www.drugstore-kenkyukai.co.jp/new-report/1309-img/1309.pdf）

松村清（2014年2月）「求められるドラッグストアの革新的な商品戦略」ドラッグ
ストア研究会（www.drugstore-kenkyukai.co.jp/new-report/1402-img/1402.pdf）

松村清（2016年2月）「米国ドラッグストア・ニュース10」ドラッグストア研究会
（www.drugstore-kenkyukai.co.jp/new-report/1602-img/1602.pdf）

万達グループHP（www.wanda.cn/wandachanye/）

網易ニュース（2015年12月10日）「2016年以後　医療指定薬店になるための三つの
ステップ」（www.sohu.com/a/47785321_167704）

李紅麗（2016年12月19日）「2016中国化粧品百強チェーンランキング」『化粧品報』
（www.5588.tv/news/72854.html）

李従選（2013年6月27日）「薬店商品カテゴリーの変遷史」中国営銷伝播網（www.
emkt.com.cn/article/592/59252-2.html）

李文明（2013年7月6日）「中国医薬産業投資地図」（https://wenku.baidu.com/
view/5f3e16370b1c59eef8c7b46d.html）

流通問題研究協会（2014年9月）「インターネットは日用品流通をどう変えるか
2014」（www.planet-van.co.jp/pdf/research/net_report_2016.pdf）

劉飛（2017）「協力でDTP薬店を構築」『中国薬店』第226期（http://www.ydzz.
com/zgyd.php?col=27&file=57516）

聯商網ニュース（2007年12月6日）「最初の薬店チェーンは誰であろうか」（http://
www.linkshop.com.cn/web/Article_news.aspx?ArticleId=81819）

聯商網ニュース（2017月1月19日）「2016年中国薬店運営5つのキーワード」
（http://www.linkshop.com.cn/web/archives/2017/368694.shtml）

ワトソンズHP（www.watsons.com.cn）

ワトソンズ蒸留水HP（www.watsons-water.com）

（英文）

Hollander Stanly C. (1966) "Notes on The Retail Accordion,"Journal of
Retailing,Vol.42,summer

JETRO（2012年5月）「中国の社会保険の概要とその最新動向」（https://www.
jetro.go.jp/ext_images/jfile/report/07000964/cn_social_insurance_all.pdf）

JETRO（2012年3月）「中国化粧品市場調査報告書」（https://www.jetro.go.jp/ext_
images/jfile/report/07000887/cn_cosmetics_market.pdf）

Kacker M. (1988) "International Flow of Retailing Know-How:Bridging the Technology Gap in Distribution,"Journal of Retailing,Vol.64,No.1

Leah Jeanne Zambernardi (2002) "Design and Regulation in Rhode Island and Southeastern Massachusetts," (http://digitalcommons.uri.edu/theses)

The Companies;Barclays Research (http://fortune.com/2016/04/20/cvs-walgreens-drugstore-stocks/)

索　引

三九グループ　76
80後90後　10, 26, 46, 51, 52, 61, 140
AJD　17
B２C　77, 133
Brand Exclusive Store　32
CI　59, 124
CNNIC（中国インターネット情報セン
　　ター）　59
Cosmetics Specialty Store　32
CPI　54
CPNDL　149
CRM　104
CVS　16
D２C　133
DROGAS　121
DTP　151
F２C　133
GMP　38, 43, 71, 72
GSP　33
HANA　104
HBC　2, 5, 19, 20, 21, 22, 23, 24, 139
HBD　15
HDL　15
Hybris　104
JACDS　17
Kruidvat　121
Lining　115

Lotionspa　114, 115
Marionnaud　122
Merchant Retail　122
Minilab　132, 133, 151
NID　17
O２O　104
OEM　114
OL　124
OTC　15, 16, 18, 19, 20, 21, 26, 31, 32,
　　69, 74, 75, 76, 80
REC　133
RITE AID　16
Rota　121
SAP　104
Savers　121
SKU　127, 132
Specialty Store　30, 32
Wanda Plaza　130
WINドラッググループ　18

【あ行】

艾依派　133
アインファーマシーズグループ　18
青空市場　47, 56, 57, 58
アマゾン　122, 135
アメリソースバーゲン　16

アライアンス・ブーツ　16
アルバート・クリグマン　2
依泉　37
郁美静　36
以薬養医　64, 67, 68, 70
悦詩風吟　91, 92
イオン・ウェルシアストアーズ　18
医学化粧品　3
伊粧　100
一級病院　78
一帯一路　117
一般用医薬品　14, 26
医薬化粧品　3
医薬品および医療機器小売専門店　84
医薬品小売チェーン企業　33, 35, 85
医薬分業　14, 19, 24, 37, 69, 70, 71, 73,
　　139
医療衛生体制改革　43, 69, 70, 71
医療保険カード　66, 68, 147
医療保険基金　65, 66, 69
医療保険指定薬店　66, 78, 79
インターネット＋　103
呉征鎰植物学奨　117
ウォルグリーン　16, 27
ウォルト・ロストウ（Walt Whitman
　　Rostow）　46
雲南一心堂　87, 89, 93, 141, 142
雲南呉征鎰科学基金会　117
雲南鴻翔漢方薬会社　100
雲南鴻翔薬業会社　100

雲南白薬　38
衛生院　35
エディンバラ　119
オールジャパンドラッグ　17
乙類OTC　80
オプレ　37
オリーブ型　51, 61

【か行】

改正薬事法　18
解勇　114
化学製剤　74
格渥（中国香港）投資有限公司　121
佳丽宝　37
河内薬品　17
広東ジアレン　11, 131, 143
広東順徳盛美工場　116
広東省保健食品業界協会　148
広東大薬房　119
感冒灵顆粒　107, 111
旗艦店　37, 104, 122, 135
供給網点　35
経営門市部　35
化粧品衛生監督条例　33, 34
化粧品専売店　3, 4, 32, 36, 37, 38, 39, 41,
　　47, 114, 131
化粧品専門店　3, 4, 32, 33, 39, 42, 47, 60,
　　61, 114, 131
健康之路（中国）情報技術会社　103
高額医療費補充保険　65, 66

索　引　165

コウシメイ（Cosmed）　38

広州采芝林薬業連鎖企業　36

広州嬌蘭佳人化粧品有限公司　131

鴻翔中西大薬房　36, 87, 100

広西一心薬房　151

孔鳳春　36

孔鳳春化粧品廠　37

公民権法　15

小売アコーディオン　21

小売業態分類　30, 42, 47

小売の輪　21

小売フォーマット　2, 5, 146

甲類OTC　80

高齢者層　10, 26, 46, 51, 52, 53, 62, 140, 150

国営慶余堂　105

個人事業商店　56, 57, 58, 59, 98, 100

個人用品店　38, 120

湖南千金薬店　151

雇用平等法　15

康緹　92

康美薬業　77

【さ行】

ササ（Sasa）　39, 91

三級病院　73, 78, 81

山東拝廷医薬連鎖有限公司　151

サンドラッグ　17, 18

サンドラッググループ　18

ジアレン（Gialen）　38, 91, 133

西安建築科技大学　117

金甲虫　92

師承教育　99

次商圏　132, 136

資生堂　36, 37

資生堂麗源化粧品有限公司　37

四川綿陽老百姓大薬房　101

社会消費財小売総額　46, 48, 61

社区（コミュニティ）医療　53

社区店　132

佳宝　100

上海華氏大薬房　36, 87, 87, 93

上海交通大学　117

重慶家楽淘　99

重慶桐君閣　10, 93, 106, 107, 141, 142

重慶太極グループ　106

重慶中医薬会社　105

重慶桐君閣会社　106

受診難・高額受診　64, 67

少家族化　15, 26

商品双線攻略　122

植物日記　132, 133, 151

新型農村合作制度　64

新疆普済堂薬店　151

京東　122, 135

生活必需品　10, 54, 56

生物製剤　74

精品店　151, 152

西洋薬　74, 101

積水潭病院　70

セフォラ（Sephora）　39, 91
セルフメディケーション　17, 53, 62
セルフメディケーション元年　17
専科薬店　151
先端的消費　52, 61
総合商店　37, 39, 57

【た行】

大悦城　130, 131
大健康ビジネスモデル　98, 99, 103, 105,
　149
大連万達グループ　130
タオバオ　122, 135
大柵欄　117
春絲麗有限公司　37
中間所得層　10, 46, 51, 52, 60, 61
中国医薬品管理法　33, 43
中国科学研究院昆明植物研究所　116
中国産業協会商会　32, 42
中国植物学会　117
中国節能環保グループ　106
中国ヘルスケア協会　32
中国薬材総公司　75
中国薬店発展促進会　148
中国糧油食品グループ　130
中成薬　74, 80
中糧不動産　130, 131, 136
中薬剤　74, 85, 147, 151
中薬材　74, 75, 101, 105
中薬材製薬　74

中薬薬材　74
朝陽病院　70
青島ワトソンズ個人用品商店有限公司
　121
鶴羽薬師堂　17
婷美小屋　92, 132
婷美美肌　133
天壇病院　70
店中店　36
天猫（Tmall）　103
天然淘　99
統購包銷、逐級調撥　35
桐君閣熟薬房　105
桐君閣伝説　107
唐三彩　91
同仁堂和記（香港）薬業発展有限公司
　98
同仁堂国際　99, 111
同仁堂麦尓海化粧品公司　38, 100
同仁本草　38, 100
同仁本草化粧品公司　38, 100
登録販売者　18
都市住民基本医療保険　64, 65
都市労働者基本医療保険　64, 65, 66
トラディショナルトレード　46

【な行】

内服薬　74, 75
二級病院　78, 81
日本チェーンドラッグストア協会　17

索　引　167

日本ドラッグチェーン会　17
農村住民合作医療制度　64, 65

【は行】

百雀羚　36
柏蕊詩　133
派朗　100
爆買い　152
ハチソン・ワンポア　119, 120, 121, 135
ハックイシダ　17
ハックファミリーセンター杉田店　17
半生活必需品　54
非医薬品聯盟　149
非計画購買　24, 25
非指定医薬品　148
非生活必需品　10, 56
百貨商店　37, 39, 57, 58, 90
病院ダフ屋　68
病院薬房委託経営　70, 75, 76, 77
ピラミッド型　51
平価大薬房　36, 89
副食品商店　57
富士薬品グループ　18
フランチャイズ　115, 132
ヴィシー　2, 32, 33, 37, 39, 43
貝肌泉　133
裴盛基　116
北京工商大学　117
北京同仁堂　10, 38, 93, 98, 100, 111, 141,
　　142

北京同仁堂科技発展株式会社　98
北京同仁堂株式会社　98
北京同仁堂中医病院　98
北京同仁病院　70
北京ドクター・プラント　11, 114, 143
北京明弘科貿有限公司　114
北京麗源公司　36
香港ワトソンズ　11, 119, 143

【ま行】

マツモトキヨシ　17, 18, 22, 23
マツモト薬舗　17
万達広場　130, 131, 136
マンニング（Mannings）　38, 91
蜜思膚　91, 92
綿陽三台県潼川益豊大薬房　101
綿陽三台県潼川鎮老百姓大薬房　101
綿陽三台県北壩鎮老百姓徳源堂加盟店
　　101
モダントレード　46

【や行】

薬材駅　35
薬食同源　150, 152
安さ納得消費　52, 61
雅漾　37
友誼病院　70

【ら行】

量肌現配　114

李慧詩　126

理膚泉　37

露芭緹　133

麗顔坊　100

零差益　24, 70, 107

露芯　114

ロレアルグループ　2, 37

【わ行】

和記洋行　119

孫 維維（SUN WEIWEI）

1983年　　中国天津市生まれ。
2006年　　中国天津財経大学商学部卒業。
　　　　　卒業後　中国大手家電量販会社に勤務。
2018年　　専修大学大学院商学研究科博士後期課程修了。
　　　　　博士（商学）取得。

専修大学社会知性開発研究センター、リサーチ・アシスタント
を経て、現在、専修大学商学部助教（流通論）。
専門分野　流通、マーケティング、小売業、中国小売業。

中国におけるドラッグストア発展のダイナミクス
　　—薬店と薬粧店を中心に—

2019年2月28日　　第1版第1刷

　著　　者　　孫 維維
　発行者　　笹岡五郎
　発行所　　専修大学出版局
　　　　　　〒101-0051　東京都千代田区神田神保町3-10-3
　　　　　　　　　　　　　　㈱専大センチュリー内
　　　　　　電話　03-3263-4230㈹
　装　　丁　　右澤康之
　印　　刷
　製　　本　　三松堂株式会社

©Sun Weiwei　2019　Printed in Japan
ISBN 978-4-88125-332-8